I0037015

Fidéliser et mobiliser

La gestion de carrière dans le secteur public

Lisa Taylor,
Challenge Factory

CERIC

Advancing Career Development in Canada | Promouvoir le développement de carrière au Canada

CERIC Advancing Career Development in Canada | Promouvoir le développement de carrière au Canada

Fidéliser et mobiliser : la gestion de carrière dans le secteur public

Droits d'auteur 2021 de
Lisa Taylor, Challenge Factory

Publié par :
CERIC
2, avenue St. Clair Est, bureau 300
Toronto (Ontario)
M4T 2T5
Canada

Site Web : www.ceric.ca
Courriel : admin@ceric.ca

ISBN
Livre : 978-1-988066-67-7
ePUB : 978-1-988066-68-4
ePDF : 978-1-988066-69-1

Préface :

Ce guide est publié par le CERIC, un organisme caritatif voué à l'avancement de l'éducation et de la recherche en matière d'orientation professionnelle et de développement de carrière dans le but d'accroître le bien-être économique et social des Canadiennes et des Canadiens.

Les deux premiers ouvrages de la collection *Fidéliser et mobiliser* portaient sur la façon dont les gestionnaires de petites entreprises et d'organismes à but non lucratif pouvaient utiliser des activités et des outils de gestion de carrière pour mobiliser leur équipe. Je me réjouis que le CERIC ait vu l'intérêt d'élargir la collection pour y inclure le présent ouvrage, destiné aux gestionnaires du secteur public canadien – tous ordres de gouvernement et toutes régions confondus. En effectuant les recherches pour cet ouvrage, j'ai constaté des similitudes entre les difficultés rencontrées par les cadres du secteur public et celles dont m'avaient parlé les gestionnaires des autres secteurs. Dans d'autres cas, la nature du travail de l'administration publique, la taille des effectifs et la façon de mesurer l'avancement et la réussite créent des conditions particulières que l'on n'observe pas dans les petites entreprises ou les OBNL. Dans ce guide, j'ai voulu me concentrer sur ces éléments qui sont propres au secteur public, tout en fournissant des outils et des renseignements utiles à tous les gestionnaires, quels que soient leur secteur, leur ancienneté ou la taille de leur équipe.

Aucun guide consacré à la gestion de carrière ne serait complet sans des outils conçus pour aider les gestionnaires à promouvoir une plus grande diversité, équité et inclusion (DEI) au travail. La DEI n'est pas une « situation exceptionnelle » à traiter de façon facultative. Nous avons donc, chaque fois que nous en avions l'occasion, intégré ces ressources et ces activités dans les sections principales. La DEI est au fondement de la culture d'une organisation et touche directement les droits de la personne. La section # traite spécifiquement de certains cas de figure, mais il s'agit de circonstances peu fréquentes.

Ce guide présente néanmoins une caractéristique unique qui ne s'applique qu'aux gestionnaires du secteur public : les encadrés « Carrière et service public ». Comme vous le lirez, nous croyons qu'il est essentiel de ne pas traiter seulement de l'incidence de la gestion de carrière sur l'engagement des membres de la fonction publique, mais aussi de celle, tout aussi importante, qu'elle a sur la conception et l'élaboration des politiques, programmes et activités de l'administration publique. Une fonction publique qui connaît les pratiques et les outils de la gestion de carrière n'en servira que mieux la population.

Enfin, comme toujours, je tiens à exprimer ma gratitude à toutes celles et tous ceux qui ont offert leur temps, leur expertise et leur soutien à la collection *Fidéliser et mobiliser* et, plus particulièrement, au présent ouvrage. Pour l'heure, je voudrais remercier et saluer le CERIC pour sa vision, son

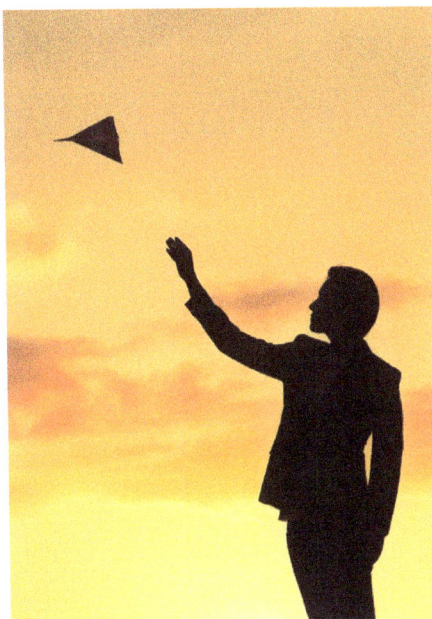

soutien et son leadership, ainsi que ma fabuleuse équipe à Challenge Factory, composée de Ben Martin, Nicole Hou, Sage Duquette et Justin Doran, sous la direction de Taryn Blanchard.

Ce projet a bénéficié de l'appui d'un comité consultatif fantastique, dont les idées, les conseils et la générosité m'ont été très précieux :

Tricia Berry, spécialiste de l'apprentissage dans le domaine de la conception universelle en matière d'éducation au choix de carrière, Direction des services de soutien à l'apprentissage, ministère de l'Éducation et du Développement de la petite enfance du Nouveau-Brunswick

Patti Edwards, gestionnaire, Division de la recherche climatique, Environnement et Changement climatique Canada

Chris Fernlund, responsable, Services aux étudiants, eCampusOntario

Raquel Fragoso, directrice générale, Ressources humaines, Agence fédérale de développement économique pour le Sud de l'Ontario

Rachel Haché, coprésidente, Communauté de pratique interministérielle sur la carrière, gouvernement du Canada, et gestionnaire des ressources humaines ministérielles, Agence de promotion économique du Canada atlantique

Alastair MacFadden, cadre en résidence, Johnson Shoyama Graduate School of Public Policy

Sabrina J. C. Persaud, analyste de la recherche et des politiques, Bureau du Conseil privé (Secrétariat du renouvellement de la fonction publique, équipe de l'initiative Au-delà de 2020)

Christa Ross, sous-ministre adjointe, Division de l'immigration, de l'emploi et du perfectionnement professionnel, ministère de l'Immigration et de la Formation professionnelle de la Saskatchewan

Nathalie Thériault, coprésidente, Communauté de pratique interministérielle sur la carrière, gouvernement du Canada, et conseillère principale en gestion de carrières, Services publics et Approvisionnement Canada

Charlie Tsao, conseiller, Bureau du Conseil privé (Secrétariat du renouvellement de la fonction publique)

Merci également aux nombreuses personnes qui ont généreusement accepté de partager leur expérience et leur connaissance du secteur public et de la gestion de carrière :

- Aderonke Akande

- Judy Brown

- Martine Cantin

- Adam Eckhart

- Paul Keller

- Shelley Kilbride

- Kyla McKenzie

- Susan Osborne

- Valérie Plourde

- Paul Saad

- Milly Sywanyk

- Michel Turcotte

- Anne Walker

- Johanna Wolf

À toutes les autres personnes qui ont participé à cette recherche de façon anonyme, merci infiniment.

Table des matières

Section 1 : Introduction   **6**

   Mot à l'attention des cadres du secteur public   7

   Tirer parti du format « guide de voyage »   10

Section 2 : L'intérêt de la gestion de carrière pour votre organisme   **15**

   Préparatifs en vue de votre parcours de gestion de carrière   16

   Qu'est-ce qu'une « bonne » gestion de carrière?   20

Section 3 : Votre parcours de gestion de carrière   **26**

   Conseils pour commencer   27

   Parcours A : 10 minutes de libres   30

   Parcours B : Une heure par semaine   36

   Parcours C : Une demi-journée tous les deux ou trois mois   43

   Modèle d'élaboration d'un parcours de gestion de carrière – Votre plan d'action   52

   Exemple de parcours de gestion de carrière   53

Section 4 : Situations particulières   **54**

   Apprivoiser la discussion sur la carrière   56

   Gestion des changements de vie et des absences autorisées   59

   Pratiques liées à la précarité d'emploi   61

   Carrière et nouveaux diplômés   64

   Enjeux relatifs à la carrière des employés de 50 ans et plus   66

   Quand les spécialistes du savoir manquent d'occasions d'avancement   68

   Entre investissement dans le personnel et exécution du mandat public   70

Section 5 : Carrière et service public : voyage au cœur de la fonction publique   **73**

Section 6 : Ressources supplémentaires   **81**

Notes et références   **93**

Recommandations du guide *Fidéliser et mobiliser : la gestion de carrière dans le secteur public*   **99**

Section 1 : Introduction

Mot à l'attention des cadres du secteur public   7

Tirer parti du format « guide de voyage »   10

Mot ā l'attention des cadres du secteur public

Bienvenue ā ce guide *Fidéliser et mobiliser* spécialement conçu pour vous, les gestionnaires brillants, motivēs et curieux du secteur public.

Il a pour but de vous aider à mettre en place des activités de gestion de carrière qui profiteront à la fois à vous-même, à votre équipe – les gens qui sont essentiels au succès de votre organisation – et au bien-être économique et social du pays. Ces activités ont été conçues pour être réalisées à l'aide de ressources gratuites (ou peu coûteuses) qui peuvent être déployées sur le terrain dans le cadre du travail quotidien.

Les cadres de la fonction publique canadienne travaillent fort pour améliorer la vie et le bien-être de la population tout en créant des milieux de travail solides et diversifiés[1] . Ce n'est pas une mince tâche, et les enjeux sont importants – tant pour les acteurs et les actrices du secteur que pour le public qu'ils et elles servent. Les défis auxquels font face les fonctionnaires partout au pays sont complexes : contraintes financières, charge de travail élevée, vieillissement démographique, virages technologiques, attentes croissantes de la population[2]. Pour cette raison, trouver du temps, de l'énergie et des ressources pour la gestion de carrière peut s'avérer très ardu.

Diriger une équipe dans le secteur public signifie s'efforcer constamment de concilier les besoins internes en personnel et les exigences opérationnelles du mandat public à exécuter. À cela s'ajoute la perception négative du public selon laquelle investir dans le personnel revient à détourner des ressources des biens et des services publics. Le public ne saisit pas toujours la relation entre l'investissement interne dans la main-d'œuvre et la qualité ou l'efficacité externes du service fourni.

Ces défis et ces efforts de conciliation sont connus de tous les ordres de gouvernement (fédéral, provincial, territorial, municipal ou des Premières Nations) et de tous les types de gestionnaires

👀 PASSEZ À L'ACTION

Dans ce guide, vous verrez souvent la rubrique « **PASSEZ À L'ACTION** », qui vous proposera des façons de mettre en pratique sur-le-champ les idées exposées. Vous n'avez évidemment pas à appliquer immédiatement toutes les suggestions et tous les principes. Ce guide se veut une ressource permanente à laquelle vous pourrez revenir à loisir. Rouvrez-le chaque fois que vous souhaitez en apprendre plus ou passer à l'action.

(superviseurs et superviseures, chefs, conseillers et conseillères principaux, adjoints et adjointes, directeurs et directrices, qu'ils soient intégrés ou non intégrés).

L'exécution du mandat public et le développement d'une fonction publique compétente, inclusive, agile et bien outillée passent par une gestion efficace des carrières. Si chaque individu a, en définitive, la responsabilité de sa propre carrière, les gestionnaires ont le devoir de rendre cette carrière possible par leur soutien, leur empathie et leur ouverture d'esprit. Dans certains cas, les décisions ou les gestes d'une directrice ou d'un chef d'équipe peuvent avoir des répercussions sur l'ensemble d'une carrière. C'est particulièrement vrai pour les membres des groupes marginalisés, dont l'avancement professionnel peut être jonché d'obstacles. En créant un milieu axé sur la carrière, les gestionnaires contribuent non seulement à la croissance personnelle et professionnelle de leurs employés, mais aussi directement à la réussite opérationnelle.

Les gestionnaires du secteur public canadien savent que, dans le monde du travail d'aujourd'hui, le statu quo n'est ni acceptable ni possible – une réalité encore amplifiée par la pandémie de COVID-19 et son impact permanent sur le travail, les carrières et les priorités de l'administration publique. Ils se font un devoir de répondre aux besoins et aux aspirations professionnels des membres de leur équipe, et n'ont pas besoin d'être convaincus de la pertinence de la gestion de carrière. Ce dont ils ont besoin, en revanche, ce sont d'activités, d'astuces et de conseils qui leur permettent de mettre en pratique la gestion de carrière, alors qu'ils sont écartelés entre les priorités concurrentes, les contraintes et les autres défis du secteur public.

Ce guide a quelque chose à offrir à *chaque* cadre du secteur public canadien. Imaginez que vous êtes en voyage et que ce document est votre guide. Votre

LE SAVIEZ-VOUS?

La gestion de carrière peut être un levier stratégique pour stimuler le rendement de votre organisme. Elle est au centre d'un éventail de besoins du personnel et des milieux de travail :

- Recrutement et rétention d'employés talentueux
- Aide à la transition (intégration, automatisation, planification de la retraite, etc.)
- Développement des compétences et des candidats aux postes de direction
- Transmission des connaissances
- Agilité, résilience et mobilité
- Rééducation ou perfectionnement professionnels – de plus en plus incontournables dans un monde du travail qui évolue rapidement
- Protection et amélioration de la santé mentale et du bien-être
- Promotion de la diversité, de l'équité et de l'inclusion

PAROLE DE GESTIONNAIRE

En vue de l'élaboration de ce guide, nous nous sommes entretenus avec des gestionnaires du secteur public de différents ordres de gouvernement, d'un océan à l'autre. Ils nous ont montré l'ampleur de leur motivation à relever les défis liés à la main-d'œuvre et au milieu de travail. Ils présentaient également certaines similarités quant à leur expérience. Ce qui suit vous semble familier?

- Les discussions sur la carrière sont difficiles à tenir en raison d'un manque de formation, de structure, de temps et de financement.
- Les possibilités d'avancement ne correspondent pas toujours aux compétences, aux besoins et aux objectifs de carrière de chacun et de chacune.
- Il peut être difficile d'entreprendre des activités de gestion de carrière tout en tenant compte des règles, cadres, politiques et processus formels de la fonction publique.
- Les gestionnaires doivent faire preuve de créativité pour trouver des outils de gestion de carrière, y compris chercher à l'extérieur de leur organisme ou même du secteur public.
- La différence entre gestion de carrière, gestion du rendement et gestion des talents n'est pas claire.

équipe et vous-même devez répondre à des exigences et à des défis changeants tout au long de votre carrière dans la fonction publique, et il n'existe pas d'approche unique en la matière. Les activités de ce guide vous aideront à mener des discussions de carrière, à établir des stratégies de planification de carrière individuelles et organisationnelles et à exploiter les ressources de gestion de carrière offertes dans le secteur public. Elles vous aideront également à favoriser la résilience et la réactivité face aux changements, qui ne feront que s'accélérer dans les années à venir.

Ces activités auront un effet positif sur la motivation et le rendement des membres de votre équipe, ainsi que sur leur

CARRIÈRE ET SERVICE PUBLIC

Le monde du travail et la société canadienne changent, et avec eux les défis auxquels ils sont confrontés. Le secteur public s'adapte et ses gestionnaires ont besoin de nouveaux outils pour s'assurer qu'ils élaborent et mettent en œuvre des programmes, des pratiques et des politiques solides et efficaces – à la fois en qualité d'employeur et pour le bien de toute la population. Le travail effectué par les fonctionnaires dans tous les ordres de gouvernement et dans toutes les régions du pays a une incidence sur la vie, les moyens de subsistance et la carrière de tous les habitants et de toutes les habitantes. Pour cette raison, tout au long de ce guide, les encadrés « **Carrière et service public** » vous fourniront des exemples concrets de la façon dont les activités, principes et concepts de la gestion de carrière peuvent également soutenir le développement, la prestation et l'évaluation des services publics.

santé mentale et leur bien-être. Comme la COVID-19 l'a dévoilé, la séparation entre la sphère personnelle et la sphère professionnelle est artificielle, et aborder les questions sous cet angle est voué à l'échec. Comme le résument les auteurs de *Strengthening Mental Health Through Effective Career Development* (Renforcer la santé mentale grâce à un développement de carrière efficace : guide du praticien) : « La santé mentale est désormais l'affaire de tous[3]. »

En aidant leurs subalternes à trouver un but, une valeur et une direction à leur travail, les gestionnaires se trouvent aussi à mobiliser leur talent et à mettre pleinement à profit leur engagement et leur effort discrétionnaire. En vous concentrant sur des activités pratiques de gestion de carrière, vous aurez une base plus solide à partir de laquelle motiver et soutenir votre équipe à travers les décisions, les défis et les transitions auxquels elle sera confrontée, au bureau comme à la maison. Vous obtiendrez ainsi une équipe plus solide, plus engagée et plus productive.

La gestion de carrière offre de nombreux avantages au secteur public, et nous sommes très heureux de vous faire découvrir les possibilités qui s'offrent à vous! ∎

Tirer parti du format « guide de voyage »

Le présent ouvrage est organisé comme un guide de voyage. Il s'agit selon nous d'un format commode, même à une époque où le vrai voyage est improbable ou impossible, et nous avons reçu d'excellents commentaires sur l'utilisation des deux premiers ouvrages de cette collection.

Premièrement, en voyage, nous avons peu de temps à consacrer à un endroit ou à une activité en particulier. Nous devons optimiser notre horaire et l'utilisation de nos ressources financières autant que possible. Nous cherchons à nous concentrer sur les aspects qui nous procurent la meilleure expérience.

Deuxièmement, nombreux sont les gestionnaires du secteur public ayant participé à notre recherche qui ont parlé de la carrière comme d'un voyage, un parcours, une route ou une feuille de route. Une carrière peut être une aventure amusante à certains moments, et un long et pénible travail de planification semé d'embûches à d'autres moments. On a un jour le sentiment de rouler à vive allure sur une voie dégagée et, un autre jour, celui d'être freiné par la congestion. On peut se perdre, privé d'une feuille de route claire : demander des indications pour s'orienter et planifier les prochaines étapes peut alors faire toute la différence entre

un voyage passé à créer des souvenirs inoubliables et un autre, à en vouloir à sa compagne ou à son compagnon de voyage et à tenter de rattraper le groupe.

Troisièmement, le temps et l'argent constituent des obstacles majeurs pour les gestionnaires du secteur public. Vous savez que le recrutement, la mobilisation, la fidélisation et la productivité dépendent d'un milieu de travail positif et, en particulier, des occasions d'apprentissage, de développement, de dépassement et de reconnaissance. Mais comment offrir une expérience exceptionnelle quand il faut composer avec un budget serré, un personnel limité et un manque de temps pour exécuter les tâches indispensables? Quel genre de « parcours de gestion de carrière » vous permettrait d'offrir des expériences à la hauteur des besoins de votre personnel et de votre organisme?

Le format du guide de voyage se prête bien, par ailleurs, à la diversité inhérente du secteur public et du Canada dans son ensemble, et à la nécessité d'intégrer délibérément et continuellement des pratiques qui reconnaissent la diversité, l'équité et l'inclusion (DEI) comme des piliers d'une culture organisationnelle solide. La DEI sert de multiples objectifs qui se chevauchent :

- Elle reflète la diversité caractéristique de la société canadienne, qui est l'une de ses forces. C'est un aspect unique de la responsabilité du secteur public envers la population.

- Elle permet de réunir des gens aux visions, aux expériences et aux horizons différents, ce qui stimule le brassage des idées, la pensée critique et la résolution de problèmes. Elle est ainsi un moteur de l'innovation. De nombreuses études montrent que la diversité a une incidence positive sur les finances et le rendement, à tous les niveaux de l'organisation[5].

- Elle aide à briser les barrières et la discrimination systémiques. Reconnaître que nous faisons un périple nous permet de réfléchir à nos choix et de considérer les structures sous-jacentes et l'effet de nos paroles, de nos actions et de nos opportunités. C'est pourquoi la non-discrimination (dont font partie l'antiracisme, l'anti-âgisme, l'ouverture aux LGBTQ2+, l'égalité des sexes et l'égalité pour les personnes

ASTUCE DE VOYAGE : APPRENEZ LA LANGUE

En voyage, nous découvrons souvent un nouveau vocabulaire. Notre étude nous a permis de constater que des termes comme « développement de carrière », « développement professionnel » et « formation » étaient parfois employés sans distinction dans le secteur public, et que l'expression « gestion de carrière » était généralement perçue comme une notion plus large comprenant un éventail d'activités réparties sur toute la vie active d'une personne. Aux fins du présent ouvrage, les termes « gestion de carrière » et « développement de carrière » seront utilisés de manière interchangeable, bien que certaines références citées puissent en utiliser d'autres.

Si les définitions officielles vous intéressent, sachez que *la gestion de carrière est un processus permanent d'investissement dans les ressources dont le but est de vous aider à atteindre vos objectifs de carrière et à vous adapter aux exigences changeantes* de notre économie dynamique[6]. Elle englobe divers concepts, dont la connaissance de soi, la responsabilisation en matière de carrière, la planification de la carrière, l'exploration de carrière, l'apprentissage continu et le réseautage. La gestion de carrière est ainsi à la fois (1) un ensemble de principes et de pratiques à mettre en œuvre tout au long de sa vie, et (2) un champ de spécialisation, avec ses professionnels et des décennies de recherche scientifique pour soutenir leur pratique.

handicapées) est une valeur intrinsèque et non négociable de chaque discussion, activité et décision de carrière.

La gestion de carrière est un outil puissant dans le coffre de DEI du secteur public. Elle favorise l'avancement professionnel des groupes marginalisés, leur satisfaction au travail au quotidien et la mise en œuvre de politiques et de pratiques équitables et inclusives. Elle favorise également la diversité des expériences et des points de vue – et la tolérance pour cette diversité –, qui donne aux employés un sentiment de sécurité, d'appartenance et d'utilité.

La diversité au travail se vit souvent au travers des différences de personnalités, de perspectives et même de politiques. En offrant un environnement de travail où l'on se sent libre d'être soi-même, les gestionnaires réduisent la pression que l'on ressent de se conformer pour éviter d'être marginalisé. Une pression qui réfrène les désaccords constructifs, la résolution créative des problèmes et la gestion rationnelle des risques. Non seulement le manque de diversité nuit à la compréhension des problèmes et à la capacité des organismes publics à relever les défis complexes auxquels ils sont confrontés, mais il sape le bien-être du personnel et mine la confiance de la direction.

La gestion de carrière joue donc un rôle primordial au carrefour de la DEI, de l'engagement professionnel et du bien-être personnel. Si on ne peut pas être soi-même au travail, on ne voudra pas y rester : on partira en quête de

PAROLE DE GESTIONNAIRE

« La DEI ne concerne pas seulement les membres de groupes protégés comme les minorités visibles. Elle nous concerne tous, puisque nous avons tous nos aptitudes et nos traits de personnalité uniques. Peu importe qui nous sommes, nous avons tous des besoins qui nous sont propres. Les gestionnaires doivent les accueillir sans jugement et tâcher de nous comprendre et de nous soutenir sur la base de ces besoins. […] Ainsi, si je suis chef et que je dois avoir une conversation avec un membre de mon équipe, quelles sont les questions que je dois me poser? Quels sont les aspects que je dois garder en tête pour éviter d'avoir un biais et de nuire ainsi au développement de carrière de cette personne ou de créer une expérience tellement négative qu'elle finira par quitter l'organisation? Car ce sont des choses qui se produisent. »

– Cadre d'une administration provinciale

meilleures conditions de travail ailleurs.

Nous voulons vous montrer que la gestion de carrière constitue un levier organisationnel précieux, à rendement élevé et à faible risque, qui aidera votre organisme à faire de grands progrès. Et puis, qui n'aime pas les voyages personnalisés, « taillés sur mesure »? À la prochaine section, vous en saurez plus sur les avantages, les méthodes et les approches de la gestion de carrière. Si vous voulez commencer tout de suite les activités du guide, passez directement à la section 3, page 26. ■

CARRIÈRE ET SERVICE PUBLIC

Les programmes de développement professionnel sont généralement considérés comme relevant de la compétence des ministères de l'Éducation et de l'Emploi. Mais il est prouvé que les principes du développement de carrière concernent de nombreux autres ministères. Par exemple, les déterminants sociaux de la santé de Santé Canada comprennent un large éventail de facteurs personnels, sociaux, économiques et environnementaux qui déterminent la santé des individus et de la population[7]. Les principaux déterminants de la santé sont :

1. le revenu et le statut social;

2. l'emploi et les conditions de travail;

3. l'éducation et la littératie;

4. les expériences vécues pendant l'enfance;

5. l'environnement physique;

6. le soutien social et la capacité d'adaptation;

7. les comportements sains;

8. l'accès aux services de santé;

9. la biologie et le patrimoine génétique;

10. le genre;

11. la culture;

12. la race et le racisme.

Si l'un des plus grands défis auxquels les gens font face aujourd'hui est leur adaptation à un monde du travail en constante évolution, ne serait-il pas temps de créer un « ministère du Développement de carrière »? À l'inverse, se préoccupe-t-on des enjeux liés à la gestion de carrière dans les programmes et les politiques des ministères de l'Énergie, du Développement économique, de l'Environnement, des Anciens combattants, des Affaires autochtones, de l'Immigration, de l'Habitation, etc.?

Section 2 : L'intérêt de la gestion de carrière pour votre organisme

Préparatifs en vue de votre
parcours de gestion de carrière   16

Qu'est-ce qu'une « bonne »
gestion de carrière?   20

L'intérêt de la gestion de carrière pour votre organisme

Cette section vous initiera à la terminologie de la gestion de carrière et aux possibilités que la gestion de carrière a à offrir à votre organisme.

Dans un vrai guide de voyage, cette section serait consacrée à un survol de la ville, de la région ou du pays que vous comptez visiter. Elle fournirait les raisons pour lesquelles consacrer temps et argent à ce projet. C'est ainsi que vous découvrirez dans les prochaines pages les raisons pour lesquelles la gestion de carrière devrait être une priorité (une destination rêvée) pour votre organisation et vos plans de gestion. Si vous préférez passer directement à la planification de votre parcours de gestion de carrière, rendez-vous à la page 26, où vous trouverez des activités, des conseils et des modèles.

Préparatifs en vue de votre parcours de gestion de carrière

Avant de préparer un voyage, la plupart des gens se posent certaines questions précises :

- Quels sont nos moyens?

- Quelle est la meilleure période pour voyager?

- Quel type d'expérience recherchons-nous?

Pour répondre à ces questions, vous planifiez les déplacements, établissez le budget, consultez des évaluations en ligne et vous renseignez auprès de vos amis sur les villes, les hôtels et les forfaits. Ensuite, vous faites les choix qui répondent le mieux à vos critères.

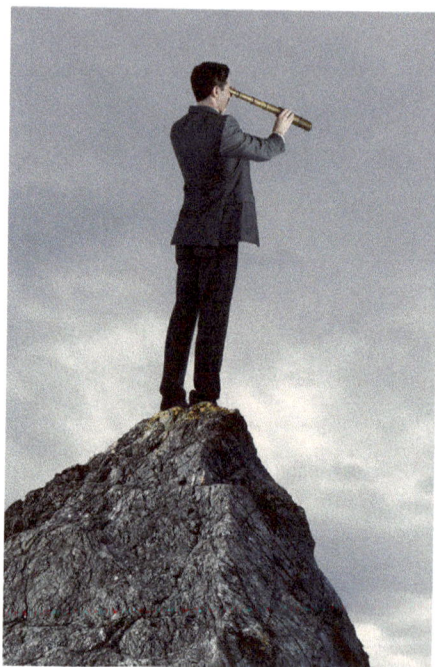

Vos employés actuels ou futurs recourent à un processus similaire lorsqu'ils étudient une offre d'emploi ou réfléchissent à leur avenir au sein de votre organisation. Ils tiennent compte de la valeur du travail et de son adéquation avec leurs croyances personnelles. Ils évaluent le salaire et les avantages, et se demandent s'il s'agit du bon moment pour occuper le poste que vous leur proposez, ou encore s'ils devraient partir pour accepter un poste ailleurs. Ils évaluent leur expérience sous votre direction :

- Leur expérience au sein de votre personnel, au quotidien et à long terme, leur permettra-t-elle de dynamiser et de développer leur carrière ou produira-t-elle l'effet inverse?

- Promouvez-vous une culture productive, agréable et inclusive au travail?

- Les autres membres de votre équipe s'épanouissent-ils sous votre direction?

Le présent guide propose des conseils et des activités qui vous permettront d'améliorer les occasions professionnelles de vos subalternes, la culture de votre lieu de travail et la réputation de votre organisme en tant qu'employeur.

Toute personne qui a participé à un effort de dotation sait combien le recrutement et l'embauche de nouveaux employés prennent du temps et à quel point il est important de faire les bons choix. Cependant, l'embauche n'est que le début. L'un des défis complexes auxquels les organismes publics sont confrontés est la combinaison (1) d'un roulement important chez le personnel de talent et (2) d'un

PAROLE DE GESTIONNAIRE

Une carrière dans la fonction publique [peut durer] de 30 à 35 ans. Imaginez maintenant que les compétences que vous aviez à votre entrée en fonction soient toujours les mêmes à votre retraite. Vous seriez ainsi passé à côté d'années d'apprentissage et de possibilités d'avancement, sans compter tous les autres avantages dont vous auriez pu faire profiter les Canadiens. Cela équivaut à comparer un boguet tiré par un cheval à des voitures électriques, ou encore une voiture ordinaire à d'autres véhicules qui seraient autonomes. L'apprentissage représente une partie importante du perfectionnement professionnel. Il nous aide à nous adapter au changement constant de notre réalité professionnelle. La décision d'investir dans l'apprentissage, et plus particulièrement dans nos employés, est essentielle pour assurer le maintien d'une fonction publique concurrentielle et pertinente.

– Taki Sarantakis, président de l'École de la fonction publique du Canada[8]

LE SAVIEZ-VOUS?

Dans le Sondage sur le maintien en poste des Autochtones du gouvernement fédéral, mené en 2016, 40 % des répondants qui étaient alors employés par le fédéral ont indiqué qu'ils prévoyaient de quitter leur poste[9]. Parmi les principales raisons citées : l'absence de possibilités d'avancement et l'opinion selon laquelle certains processus de recrutement et de promotion étaient biaisés et discriminatoires. Le sondage a également constaté que les Autochtones avaient un taux de promotion inférieur (19,9 %) à celui des non-Autochtones (25,4 %) et que ceux qui avaient travaillé pour la fonction publique fédérale pendant cinq à dix ans avaient des besoins cruciaux qui n'étaient pas comblés dans leur milieu de travail (notamment à l'égard de leur développement, de leur avancement et de leur mobilité).

Pour en savoir plus sur l'embauche, la fidélisation et la promotion des Autochtones dans la fonction publique fédérale, consultez le rapport *Unis dans la diversité : une voie vers la réconciliation* :

https://www.canada.ca/fr/gouvernement/fonctionpublique/mieux-etre-inclusion-diversite-fonction-publique/diversite-equite-matiere-emploi/cercle-savoir/unis-diversite.html

Vous trouverez dans le document suivant une cinquantaine d'autres références concernant l'embauche et la fidélisation des travailleurs autochtones :

http://axtra.ca/wp-content/uploads/2019/01/NIKA_Revue-de-litterature_2019.pdf

maintien en emploi prolongé chez le personnel sous-engagé.

Il existe de nombreuses voies pour développer sa carrière de manière significative dans le secteur public. Les relations entre les différents ordres de gouvernement font que le développement d'une carrière peut être facilité par les réseaux, la formation en cours d'emploi, la formation continue et la mobilité offerts aux fonctionnaires – s'ils savent comment accéder à ces outils.

L'avancement dans le secteur public se réduit souvent (quoique pas toujours) à la nomination à un poste de gestion. Ce manque de diversité des parcours professionnels peut entraîner la promotion de gens d'une grande compétence technique ou d'une grande expertise à des postes qui ne leur conviennent pas ou ne correspondent pas à leurs intérêts, leurs compétences ou leurs connaissances. Arrivées à ce genre de carrefour, certaines personnes choisissent de partir pour d'autres secteurs qui seront plus satisfaisants, tandis que d'autres choisissent de rester pour la sécurité financière, les avantages sociaux et la caisse de retraite. Cette dernière option peut entraîner une baisse de la motivation et de la productivité chez ces personnes, qui n'attendent plus que le jour de la retraite.

Le personnel engagé aligne le succès de sa carrière sur celui de l'organisation pour laquelle il travaille. La façon dont il perçoit les perspectives de carrière internes est liée aux résultats de l'organisation et à la culture du lieu de travail. Le roulement de personnel coûte cher, et le personnel démotivé peut difficilement être le porte-parole dont les gestionnaires ont besoin pour leur mission.

Cette question du maintien en emploi et de la motivation, comme celle du processus d'évaluation et de décision que l'on suit quand on envisage un changement de carrière, est un aspect important de notre compréhension de la carrière comme d'un périple ou d'un voyage nécessitant un guide. Une gestion de carrière efficace est une arme secrète pour les organisations qui cherchent à fidéliser leurs membres les plus talentueux et pour les gestionnaires qui cherchent à soutenir leur équipe tout en veillant à la productivité et à la réussite opérationnelle.

La longévité est une autre dimension importante de la fidélisation et de la motivation du personnel. L'âge moyen de la main-d'œuvre au Canada et le nombre de personnes qui travaillent passé l'âge traditionnel de la retraite sont en augmentation[11]. Conséquemment, la nature des parcours professionnels évolue, ainsi que l'accompagnement dont le personnel a besoin pour l'aider dans son cheminement.

Car lorsqu'on vieillit et que notre carrière se prolonge,

LE SAVIEZ-VOUS?

Les ramifications financières du roulement de personnel sont considérables. Selon le magazine *Employee Benefit News* et le Work Institute, le remplacement d'un employé ou d'une employée peut coûter l'équivalent de 33 % de son salaire annuel, alors que 74 % des remplacements sont évitables.[10]

ASTUCE DE VOYAGE

En explorant ce guide, réfléchissez au parcours de votre organisme en matière d'emploi. Vous connaissez sans doute les objectifs et le mandat de votre organisme, mais quels sont vos objectifs et vos plans d'investissement relativement au personnel? Si vous voyez la carrière comme un voyage, à quelle étape se trouve chacun des membres de votre équipe, et de quel type « d' aide à la planification de voyage » a-t-il besoin de votre part?

l'accompagnement professionnel dont on a besoin ne diminue pas en quantité – il ne fait que changer de nature. Plusieurs gestionnaires du secteur public auxquels nous avons parlé considèrent pourtant que le personnel en début de carrière ou promu à un poste de gestion a besoin de plus d'accompagnement que les autres. Cette perception erronée se reflète dans le niveau d'accompagnement professionnel fourni au personnel par l'organisme (orientation, occasions, défis, etc.), qui diminue progressivement avec l'âge.

Si les fonctionnaires qui mènent de longues carrières ne reçoivent pas l'accompagnement dont ils ont besoin, quel genre de main-d'œuvre et de culture organisationnelle cultive-t-on à long terme? Pour approfondir ce sujet, reportez-vous à la sous-section « Enjeux relatifs à la carrière des 50 ans et plus » dans la section 4, qui comprend notamment des conseils pour les gestionnaires qui ne sont pas à l'aise d'offrir un accompagnement professionnel aux personnes plus âgées qu'eux ou elles.

Le développement de carrière est une quête permanente pour tous, peu importe l'âge, le salaire ou l'ancienneté. Les membres du personnel bénéficieront d'une meilleure compréhension de leur propre parcours professionnel tout au long de leur vie, tandis que les gestionnaires bénéficieront d'une meilleure connaissance de la façon de les motiver, de les pousser et de les soutenir. Les gestionnaires ne peuvent pas faire cela sans avoir eux-mêmes un soutien approprié; entreprendre des activités pratiques de gestion de carrière est un excellent point de départ. ■

Qu'est-ce qu'une « bonne » gestion de carrière?

Les cadres du secteur public nous ont fait part de leurs inquiétudes concernant l'établissement d'objectifs de gestion de carrière pour les membres de leur équipe et les discussions à tenir avec eux au sujet de leur carrière.

Parmi ceux à qui nous avons parlé, 51 % trouvent que les discussions sur la carrière sont difficiles à engager ou à mener, tandis que 27 % les considèrent comme « parfois » difficiles. Cela fait écho aux constatations faites dans d'autres secteurs et peut s'expliquer par l'absence au Canada d'une culture qui accorde la priorité à la littératie professionnelle, aux compétences et à l'apprentissage permanent.

Les gestionnaires ont donné plusieurs raisons de leur réticence à tenir des discussions sur la carrière. Parmi elles :

- Ne pas avoir les compétences ou la formation nécessaires pour faire de bonnes suggestions, en raison d'un manque de ressources en la matière.

- Craindre que ce type de conversation amène le personnel à demander des possibilités de développement pour lesquelles il n'y a pas de financement.

- Craindre que le personnel croie qu'une mesure punitive a été prise contre eux, ou qu'il soit incapable d'accepter la critique ou les commentaires constructifs.

- Craindre que les discussions de carrière amènent des membres du personnel (1) à décider de partir pour relever d'autres défis ou (2) à

PAROLE DE GESTIONNAIRE

Le perfectionnement professionnel est une des pratiques des ressources humaines qui a le plus évolué au cours des vingt dernières années. Dans le passé, les organisations paternalistes avaient l'habitude de récompenser leurs bons employés en leur procurant un emploi à vie, en planifiant leurs activités de perfectionnement et en leur accordant un avancement continu. Dans les organisations d'aujourd'hui, où tout change rapidement, les employés savent qu'ils conserveront leur emploi aussi longtemps que leurs compétences seront nécessaires à la mission de l'organisation. Ils savent aussi qu'ils sont responsables de leur propre perfectionnement professionnel. Néanmoins, le stress et les frustrations que vivent les employés par suite de nouvelles orientations de carrière peuvent entraîner une baisse de productivité, des décisions peu éclairées, une augmentation des taux d'absentéisme et de roulement de personnel, ainsi qu'un accroissement du nombre de demandes d'indemnités liées au stress. Pour les employeurs, comprendre les questions relatives à la carrière des employés et y répondre facilitent la résolution de ces problèmes et améliorent grandement la vitalité de l'organisation."

– Lorraine Dyke, Linda Duxbury et Natalie Lam, « Le perfectionnement professionnel : ce qu'en pensent les fonctionnaires », La revue de gestion du secteur public[12]

réaliser que leurs objectifs de carrière ne concordent pas avec les occasions actuellement offertes.

- Craindre que demander aux membres du personnel de parler de leurs objectifs de carrière soit perçu comme déplacé ou indiscret.

Il arrive que des gestionnaires renoncent à tenir des discussions sur la carrière parce qu'ils les interprètent à tort comme des évaluations de rendement, lesquelles occasionnent parfois des discussions difficiles sur les lacunes et les conséquences. Consultez l'astuce de voyage à la fin de cette section pour mieux comprendre la différence entre la gestion de carrière et la gestion du rendement.

Il est vrai que la perception de ce qui est indiscret et de ce qui ne l'est

ASTUCE DE VOYAGE : APPRENEZ LA LANGUE

La gestion de carrière recoupe d'autres activités de gestion, comme la gestion des talents, la gestion du rendement, la formation et l'encadrement, dont elle se distingue toutefois. La gestion des talents est une discipline en soi visant la planification des effectifs par les organisations. La gestion du rendement, qui fait partie de la gestion des talents, vise l'optimisation du travail du personnel en fonction de divers indicateurs. Il s'agit d'évaluer l'exécution de tâches précises associées à l'emploi, afin de soutenir les grands objectifs de l'organisme. (Par exemple, votre programme de prestation de services atteint-il ses cibles? La personne responsable du projet respecte-t-elle les échéances et le budget?)

Les questions et activités abordées par le présent guide vont plus loin que le simple suivi du rendement. La gestion de carrière est un partenariat : « En fournissant des occasions d'apprentissage et en appuyant les objectifs de carrière de leurs employés, les dirigeants contribuent à les autonomiser et favorisent le développement de leur carrière. Quant à l'organisation, son devoir consiste à aider les employés à perfectionner leurs compétences en gestion de carrière grâce à des programmes de ressources humaines, au mentorat et au réseautage. Les employés, enfin, doivent se responsabiliser à l'égard de leur propre développement à l'aide d'autoévaluations, de mises à jour de leurs compétences et de l'établissement d'objectifs de carrière. Quand ces trois aspects concordent, les employés s'engagent davantage et la fidélisation s'améliore[13]. » Considérez ce partenariat comme une triade, où les membres du personnel sont les responsables de leur carrière, les gestionnaires, des « facilitateurs » de carrière, et l'organisme, un « accompagnateur » de carrière.

pas varie selon la personne ou la culture et qu'il faut faire preuve de prudence. Mais ne pas tenir du tout de discussion sur la carrière aura encore plus de répercussions à long terme, tant pour les membres du personnel que pour les gestionnaires. Une façon d'éviter de froisser les gens est de se concentrer

LE SAVIEZ-VOUS? IDÉES FAUSSES SUR LA GESTION DE CARRIÈRE

Lors de nos entrevues, nous avons entendu diverses fausses idées sur la gestion de carrière. Ces mythes empêchent les organismes d'adopter de bonnes pratiques en matière de développement de carrière. Nous voulons ici rétablir certains faits importants :

1. La gestion de carrière et la formation ne sont pas la même chose, tout comme le développement de carrière et l'avancement ne sont pas la même chose.

2. La direction ne contrôle pas le parcours professionnel de son personnel.

3. Bien souvent, les membres du personnel ne savent pas comment gérer leur propre carrière.

4. Bien souvent, les gestionnaires ne savent pas non plus comment aider les membres du personnel à gérer leur carrière.

5. Tous les membres d'une même génération n'ont pas les mêmes aspirations, qualités, ni intérêts.

6. Les plus âgés doivent souvent se préoccuper tout autant de leur carrière que les plus jeunes, et beaucoup de gens changent de carrière passé l'âge de 50 ans.

7. La gestion de carrière est un investissement minime qui rapporte un dividende immédiat à l'organisme.

8. La gestion de carrière concerne tout le monde, pas seulement les membres d'une profession libérale ou les spécialistes du savoir.

9. Il existe des pratiques éprouvées, des données fiables et des études solides pour aider les gestionnaires dans les situations difficiles liées à la gestion de carrière.

10. La gestion de carrière peut servir à lutter contre la discrimination et les obstacles systémiques.

11. Les gestionnaires ont du mal à offrir un accompagnement professionnel aux personnes issues de groupes ethniques ou culturels différents.

12. Il est prouvé que la gestion de carrière favorise la DEI au travail.

Vous trouverez des preuves à l'appui de ces énoncés tout au long de ce guide. Si vous souhaitez en apprendre davantage, consultez les ressources répertoriées dans la section 6.

sur le ton qu'on veut donner à la discussion – ou à la culture de l'organisme dans son ensemble –, en mettant l'accent sur l'ouverture, l'empathie et le soutien. Les discussions sur la carrière peuvent être difficiles à démarrer ou donner lieu à des moments inconfortables, mais tout le monde y gagne : votre équipe, vous-même et toute l'organisation. Courage!

Souvent, les principes, les théories et les outils de la gestion de carrière sont absents des formations et des occasions d'apprentissage offertes par l'administration. Les cours destinés aux nouveaux gestionnaires et aux futurs cadres en sont de bons exemples. Ces cours abordent la gestion *des personnes* en général, mais pas la gestion de la *carrière* en particulier. Et lorsque des ressources de gestion de carrière sont offertes, elles évacuent bien souvent les questions de diversité, d'équité et d'inclusion (DEI), ce qui n'aide en rien les gestionnaires à acquérir les compétences culturelles dont ils ont besoin pour aborder les questions de carrière.

Une bonne gestion de carrière suppose que cadres et subalternes travaillent ensemble à explorer les cheminements de carrière et le développement professionnel. Le CERIC a mis au point huit « principes directeurs du développement de carrière » pour les aider à comprendre et à définir la portée de la gestion de carrière[14]. (Nous rappelons que la gestion et le développement de carrière sont synonymes dans ce guide.) Ces principes peuvent vous aider à mener de bonnes discussions sur la carrière, à offrir des ressources adéquates (comme celles énumérées à la fin du présent guide) et à mettre en place des programmes pertinents pour votre personnel.

Le développement de carrière :

1. est un processus perpétuel de combinaison et de gestion d'activités rémunérées et non rémunérées : apprentissage (formation), travail (emploi, entrepreneuriat), bénévolat et temps libre;

2. exige de déterminer les intérêts, les croyances, les valeurs, les habiletés et les compétences, et de les associer aux besoins du marché;

3. repose sur une bonne compréhension de ses options et de ce que l'on veut;

4. doit être autogéré : une personne est responsable de sa propre carrière – elle n'est toutefois pas seule, nous sommes tous influencés par notre environnement et l'influençons à notre tour;

5. est souvent appuyé et façonné par les formateurs et les formatrices, la famille, les pairs, les gestionnaires et la collectivité;

6. signifie tirer le meilleur parti de son talent et de son potentiel, quelle que soit sa définition de la croissance et de la réussite – qui ne correspond pas nécessairement à un avancement linéaire;

7. peut être complexe et dépend du contexte : il peut y avoir des contraintes internes (financières, culturelles, liées à la santé) ou externes (marché du travail, technologie);

8. est dynamique et évolutif, et nécessite une adaptation et une résilience continues pendant les multiples périodes de transition. ∎

PAROLE DE GESTIONNAIRE

Jusqu'à l'aube de la quarantaine, ma carrière pointait vers le haut. Puis, différentes circonstances m'ont amené à occuper des postes où, pour faire court, je ne me sentais plus à ma place. Petit à petit, ma confiance en moi s'effritait et une lassitude s'installait. Je me voyais sous-exploité et mes forces mal alignées avec mes tâches. Mais avec 360 000 postes répartis dans des dizaines de ministères et d'organismes publics, j'ai fait le pari qu'il devait bien y en avoir un dans lequel je serais plus efficace et utile, donc plus heureux. Je me suis mis à utiliser mon réseau et à participer à de multiples concours pour tenter de trouver un travail mieux aligné avec mon profil, mais sans véritable succès. Je tournais en rond.

Quand tu te lèves le matin avec le moral dans les talons et que tu ne vis que pour les week-ends ou les vacances, quelque chose ne va pas. Le pire était de ne pas voir quand la situation était pour s'améliorer, malgré mes efforts. Je réalisais aussi à quel point beaucoup de mes collègues étaient dans une situation comparable. J'aurais souhaité alors être appuyé par un quelconque service de placement interne. Une organisation souple et dynamique (et pourquoi pas payante), dont le mandat aurait été de mettre en contact le chercheur de défis avec le chercheur de talents [...].

Hélas, un tel « optimisateur de talents » n'existe pas au sein de l'État. De plus, à l'heure actuelle, les gestionnaires ne sont pas incités à appuyer un employé qui, dans un réel effort d'optimisation, voudrait changer d'équipe. En général, cela est laissé à leur discrétion et ils le feront s'ils y voient un avantage pour eux ou leur équipe. Servir l'intérêt supérieur de l'État n'est pas un facteur systématiquement pris en compte.

– Martin Houle, ancien fonctionnaire fédéral, Le Devoir, 9 janvier 2020[15]

Section 3 : Votre parcours de gestion de carrière

Conseils pour commencer 27

Parcours A : 10 minutes de libres 30

Parcours B : Une heure par semaine 36

Parcours C : Une demi-journée tous les deux ou trois mois 43

Modèle d'élaboration d'un parcours de gestion de carrière – Votre plan d'action 52

Exemple de parcours de gestion de carrière 53

Votre parcours de gestion de carrière

Ā ce stade de votre lecture, vous devriez avoir une meilleure compréhension de ce qu'est la gestion de carrière, de son importance pour le secteur public et de la façon dont elle peut aider la direction et le personnel ā orienter leur travail, leur croissance professionnelle et leurs relations.

Nous avons expliqué pourquoi la gestion de carrière est directement liée à la réussite des individus, du personnel dans son ensemble et de l'organisme tout entier (la « destination » de votre périple). Nous avons également décrit les défis complexes auxquels sont confrontés les gestionnaires tandis qu'ils essaient de soutenir, de mobiliser et de fidéliser leur équipe, et de concilier les exigences opérationnelles avec leurs responsabilités de gestion.

Mais nous savons tous que le moment le plus gratifiant de la préparation d'un voyage est celui où l'itinéraire est fixé et la planification terminée, le moment où nous savons ce qui nous attend et pouvons nous concentrer sur la concrétisation d'une merveilleuse expérience. En explorant les activités de cette section et en choisissant celles qui vous sont les plus utiles, ne perdez pas de vue le fait que ce guide n'est pas exhaustif. Notre but est de vous intriguer et de vous encourager à approfondir vos connaissances tout en vous fournissant un point de départ concret et commode.

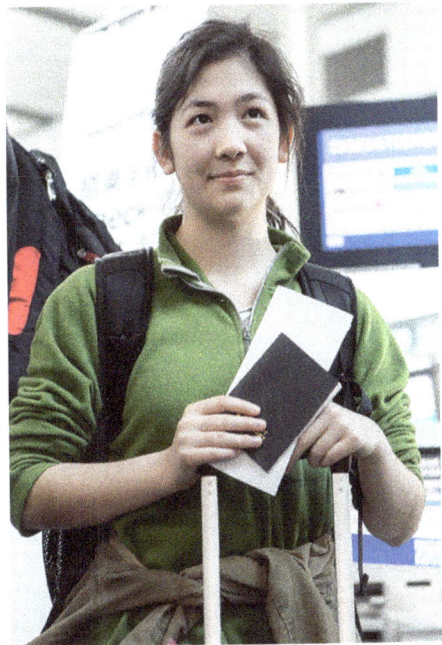

Conseils pour commencer

1. Tout comme un guide de voyage propose différentes catégories d'activités (quelles visites faire, où dîner, dans quels hôtels séjourner, etc.), nous avons regroupé par catégories les activités que nous vous recommandons et qui sont susceptibles

de vous intéresser. Considérez les approches suivantes :

- « Voyage spécialisé » – Certains gestionnaires peuvent préférer structurer leurs activités autour d'un seul objectif, comme un gourmet qui planifie ses déplacements dans une ville afin de découvrir les meilleurs restaurants.

- « Visite des hauts lieux » – Certains gestionnaires peuvent souhaiter découvrir les différentes façons dont la gestion de carrière peut être mise en œuvre dans les activités professionnelles, comme une voyageuse qui s'immerge dans une gamme de nouvelles croyances, pratiques, activités et histoires.

- « Tournée des attractions de l'heure » – Certains gestionnaires peuvent parcourir une liste d'activités et ne retenir que celles susceptibles de les aider à résoudre le problème qui les occupe à ce moment-là, comme la « tendance en vogue » d'une saison de voyage donnée.

2. Comme pour les recherches que vous effectuez lors de la planification d'un voyage, nous avons répertorié beaucoup plus d'activités dans ce guide que ce qui peut raisonnablement être accompli dans un court laps de temps. N'en choisissez pas plus que le nombre qui vous semble réaliste. Tout comme vous ne pouvez pas voir toutes les attractions d'une ville ou d'un pays en un seul voyage, vous devez déterminer les activités que vous souhaitez faire en premier. Ensuite, prévoyez de revenir et de tracer de nouveaux parcours à chaque voyage pour élargir votre expérience de la gestion de carrière.

3. Cette section vous met d'abord au défi de penser différemment, avant de présenter des exemples concrets. Chaque activité est de plus en plus orientée vers l'action et les objectifs organisationnels. Nous vous recommandons de commencer par lire toutes les activités, en marquant d'une étoile celles que vous souhaiteriez faire en premier. Ensuite, passez en revue les activités que vous avez retenues et demandez-vous lesquelles sont les plus importantes et dans quel ordre vous aimeriez les réaliser. Enfin, remplissez le modèle de parcours fourni. ∎

ASTUCE DE VOYAGE

Jetez un œil au modèle fourni à la page 52. Vous pouvez vous en servir pour tracer votre propre « parcours », mettre en place les activités de gestion de carrière recommandées dans ce guide et les modifier à votre gré.

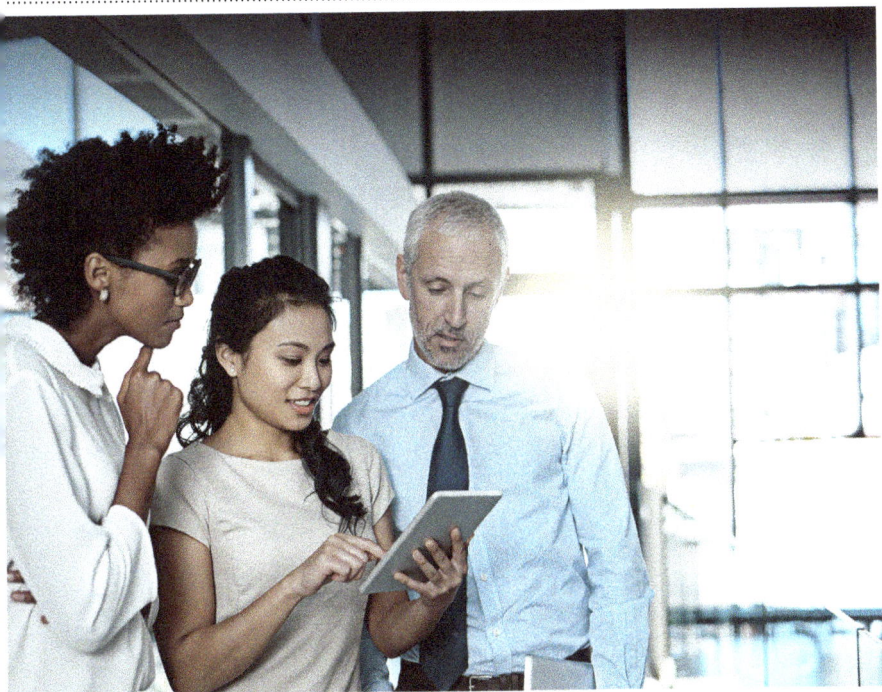

LE SAVIEZ-VOUS?

La diversité est un fait. L'inclusion est un choix. Appliquer la perspective de la DEI au travail n'est pas facultatif. Les cadres du secteur public partout au Canada partagent ce point de vue, mais ne savent pas toujours comment le mettre en pratique. Il est essentiel de tenir compte des questions d'équité et d'inclusion afin de garantir les droits fondamentaux des travailleurs et des travailleuses (et de la population en général), et de créer une culture organisationnelle où chaque personne se sent acceptée.

La première et meilleure ressource d'une organisation est représentée par ses effectifs. Les gestionnaires devraient demander aux membres du personnel qui sont directement visés par la DEI ce qu'ils peuvent faire pour les aider et créer un environnement dans lequel l'inclusion n'est pas de pure forme. La responsabilité de promouvoir l'équité et l'inclusion, de rectifier les inexactitudes et de déconstruire les stéréotypes sur les groupes marginalisés incombe à ceux qui ne sont pas soumis aux obstacles systémiques ni à la discrimination.

Il est important d'être proactif et délibéré dans la combinaison de la gestion de carrière et de la perspective de la DEI – plutôt que de les traiter comme séparées l'une de l'autre ou étrangères au « travail normal ». C'est à cette fin que nous vous proposons les activités suivantes, conçues pour les gestionnaires occupés.

Plus de 40 activités de gestion de carrière

Parcours A :
10 minutes de libres

Si vous pouvez vous réserver dix minutes chaque jour, envisagez de faire l'une de ces activités chaque jour. Vous pouvez répéter la même tous les jours ou varier d'un jour à l'autre.

Se remuer les méninges

Objectif : Établir de nouvelles mesures positives à prendre

Pensez à votre parcours. Retrouvez un moment déterminant de votre carrière. Mettez-le par écrit et envisagez de le raconter à votre équipe dans le cadre d'une rencontre, d'une conférence téléphonique ou d'une communication. Pourquoi le considérez-vous comme significatif? Qu'avez-vous appris à cette occasion? Cette expérience pour-rait-elle aider des personnes qui ont un parcours professionnel différent? Quel rôle pourraient jouer votre formation, votre expérience ou vos différentes identités? Envisagez de faire connaître votre histoire dans le cadre d'une communication plus générale adressée au personnel.

Communiquer

Objectif : Instaurer une culture d'ap-prentissage et d'exploration qui encour-age le développement des employés

Envoyez régulièrement à votre équipe de courts messages soulignant comment tel ou tel membre a évolué ou a acquis de nouvelles compétences. Exemple :
Objet : Créativité au travail
Corps du texte : La semaine dernière, [nom de la personne] a fait preuve de créativité [en aidant un client/en aidant un collège/en m'aidant] à résoudre un problème. [Décrire brièvement le problème et les répercussions sur la personne aidée et sur l'organisme.] J'ai hâte de savoir ce que [nom de la personne] a appris de cette expérience. Bravo!

Certaines organisations envoient ce type de messages au fur et à mesure des « bons coups ». D'autres suivent un calendrier plus prévisible, incluant parfois ces messages dans leur bulletin mensuel ou trimestriel. Dans certaines organisations, une communication courriel peut être mal reçue si le volume de courriels est déjà assez élevé. Si tel est le cas de votre organisme, envisagez d'inclure plutôt ce type de message dans un courriel envoyé régulièrement. Vous pourriez également passer ces messages lors

CARRIÈRE ET SERVICE PUBLIC

Outre l'idée de voyage, certains cadres du secteur public que nous avons interrogés ont également employé la métaphore des « échelons de carrière ». Il s'agit pour eux de l'analogie traditionnelle ou de l'analogie qui traduit le mieux la structure hiérarchique de leur organisation. Les analogies sont utiles pour décrire les structures et les relations d'emploi. Elles offrent un langage commun pour décrire les éléments fondamentaux de la culture organisationnelle. En tant que gestionnaire, la façon dont vous parlez des carrières contribue puissamment à fixer les attentes de votre personnel.

Ces analogies sont cependant moins utiles pour la conception, la fourniture et l'évaluation des biens et services publics. Un recours excessif à des images simples pour décrire l'emploi, la main-d'œuvre ou le marché du travail occulte la nature dynamique et complexe des carrières d'aujourd'hui. Comme le constate un rapport de l'administration fédérale sur l'avenir du travail :

« Les échelons de carrière se transforment en grilles de carrière : Selon Barclays, 24 % des travailleurs de moins de 34 ans comptent déjà de l'expérience dans quatre secteurs d'activité, alors que 59 % des gens de plus de 65 ans avaient travaillé dans trois secteurs d'activité ou moins au moment de leur retraite. Les grilles de carrière exigent l'acquisition et la mise à niveau constantes des compétences et donnent lieu à des courbes d'apprentissage plus abruptes et à la gestion du changement Ainsi, la main-d'œuvre pourrait se faire plus passagère, ce qui risquerait de nuire à la cohésion des collectivités, mais pourrait peut-être favoriser la compréhension entre divers groupes. L'avenir des groupes vulnérables pourrait s'assombrir si les gouvernements n'adaptent pas les programmes d'acquisition de compétences, ne redéfinissent pas l'immigration des travailleurs qualifiés et ne modifient pas les programmes pour préparer les Canadiens à cette grille de carrière et à l'apprentissage continu que cela exige[16]. »

Échelle, grille, voyage, toile : une image peut servir un but particulier à un moment particulier. Mais de manière générale, l'accent devrait être mis sur la relation dynamique entre les gens et le marché du travail, et non sur les images elles-mêmes.

La recherche d'une « panacée » pour surmonter les défis actuels peut également réfréner les individus dans le rôle qu'ils ont à jouer dans l'orientation de leur propre carrière, au profit d'un ensemble normalisé de formations et de tâches censées mener au succès dans les structures d'emploi émergentes. La rééducation et le perfectionnement professionnels, par exemple, sont des méthodes importantes d'adaptation à l'évolution du monde du travail. Mais si l'on insiste trop sur les compétences, on passe sous silence le rôle tout aussi important des intérêts, des croyances, des valeurs et d'autres éléments systémiques dans la responsabilisation, la croissance et la préparation vis-à-vis de la carrière. Comment intégrer ces autres éléments aux formations et projets axés sur les compétences?

d'une activité régulière, comme un dîner-causerie ou une réunion d'équipe.

Quels que soient la fréquence et le moyen de communication, informez-en votre équipe et veillez à passer 10 minutes à quelques semaines d'intervalle à recueillir des histoires de réussite auprès du personnel. Vérifiez régulièrement qui fait l'objet de ces messages. Diverses personnes sont-elles reconnues pour leurs réalisations et leur rendement? Si ce n'est pas le cas, quelles en seraient les raisons?

Discuter

Objectif : Harmoniser les objectifs de l'organisme et l'expérience quotidienne de votre équipe

Donnez un coup de fil à un membre de votre équipe. Dites-lui que vous l'appelez pour voir ce qu'il y a de neuf et comment se déroule sa journée. Soulignez que la durée de l'appel ne dépassera pas dix minutes et que, si une plus longue conversation s'avère nécessaire, vous planifierez un rendez-vous de suivi. Donnez-lui quelques minutes pour exprimer ses principales préoccupations. Votre discussion n'a pas besoin de porter directement sur la carrière. L'établissement de ce genre de relation informelle avec vos subalternes a en soi une incidence sur leur carrière. Après cette discussion, notez les priorités, les sujets et les questions abordés. La fois suivante, choisissez une autre personne.

Réaliser

Objectif : Prendre des mesures qui créeront des occasions de développement pour votre équipe

Vous êtes résolue ou résolu à fournir un accompagnement professionnel à votre équipe, mais avez du mal à vous lancer? Parfois, la meilleure façon de surmonter ce blocage initial est de s'organiser.

Certaines organisations ont une foule de ressources à proposer pour le développement du personnel, au point qu'il peut être difficile de s'y retrouver et d'en tirer profit. À l'inverse, d'autres organisations manquent de ressources, en particulier pour les gestionnaires, qui ont alors le sentiment d'être laissés à eux-mêmes.

LE SAVIEZ-VOUS?

Dans nos entrevues avec des cadres du secteur public, nous avons abordé la question de savoir ce qui, selon eux, favorise les discussions de carrière, l'encadrement et le soutien. Voici les qualités qu'ils ont nommées :

- Ouverture et accessibilité
- Attitude non menaçante; absence de jugement
- Empathie, patience, compassion
- Écoute et perspicacité
- Aptitude à poser des questions
- Aptitude à se montrer intéressé, impliqué et encourageant
- Reconnaissance des différences culturelles et de leurs répercussions
- Conscience de soi
- Volonté d'aménager du temps
- Expérience et pratique

ASTUCE DE VOYAGE : ÉCONOMISEZ TEMPS ET ARGENT GRÂCE AUX SPÉCIALISTES

Nous arrivons à planifier certains voyages tout seuls. D'autres sont plus compliqués ou nécessitent des renseignements que nous n'avons pas le temps de recueillir. Dans ce cas, nous faisons appel à une agence de voyages qui nous aide à planifier une expérience inoubliable. Dans le domaine de la gestion de carrière, il existe des spécialistes qui peuvent vous donner un coup de main dans la planification et la mise en œuvre de vos programmes. Recherchez les spécialistes qui emploient le terme « carrière » (et non « ressources humaines » ou « talents ») pour décrire leur champ d'expertise.

Dans l'un ou l'autre cas, dressez la liste des ressources offertes (comme les formations) et rassemblez les documents disponibles (en format papier ou numérique). N'oubliez pas de vous concentrer sur les ressources de gestion de carrière. Toutes les ressources de développement professionnel n'ont pas pour principal objet la gestion de carrière.

Toute ressource visant la gestion des personnes peut devenir une ressource de gestion de carrière. Certaines visent déjà explicitement la carrière (comme le présent guide). Pour d'autres, vous devrez peut-être utiliser les principes directeurs de la page 24 dans votre examen du sujet. En vous familiarisant avec diverses expériences, réussites opérationnelles et pratiques innovantes, vous disposerez d'un bon « sésame » pour ouvrir des discussions sur les intérêts, les apprentissages et les occasions professionnelles.

Une fois votre liste faite, identifiez ce qui manque. Pour ce faire, demandez-vous ce que vous trouvez particulièrement intéressant ou difficile dans l'accompagnement professionnel que vous souhaitez offrir à votre équipe. Avez-vous besoin d'améliorer vos compétences en matière d'encadrement? Engager une discussion sur la carrière vous paraît-il décourageant? Aimeriez-vous en savoir plus sur les théories et les principes du développement de carrière? Ou sur la façon dont les équipes diversifiées vivent le travail, la carrière et la relation avec la communauté?

Enfin, réfléchissez à des moyens de commencer à combler ces lacunes. Le présent guide pourrait-il vous aider à cet égard? (Voir la section « Ressources » à la page 81.) Auriez-vous besoin d'approfondir vos recherches sur les ressources offertes dans votre organisation? Pourriez-vous présenter votre liste et ses lacunes à votre propre superviseure ou superviseur pour explorer les façons d'obtenir davantage de ressources?

Choisissez un sujet et une ressource que vous étudierez au cours des deux prochaines semaines.

Réfléchir

Objectif : Consacrer le temps nécessaire à la définition des aspects à développer au sein de votre équipe

Que signifie pour vous la « réussite professionnelle »? Pensez-vous qu'elle signifie la même chose pour chacun des membres de votre équipe? Les gens nommeront peut-être d'instinct la mobilité ascendante (promotions et augmentations de salaire) comme un indicateur clé de réussite. Mais est-ce tout?

Mettez par écrit votre propre définition de la réussite professionnelle et ce qu'elle implique pour votre propre développement de carrière. Essayez ensuite de vous mettre à la place des membres de votre équipe, en imaginant en quoi leur définition de la réussite professionnelle pourrait différer de la vôtre et en quoi cela pourrait jouer sur l'accompagnement dont ils ont besoin de votre part. Quels défis rencontrent-ils qui pourraient avoir un effet sur leur parcours et leur réussite? Assurez-vous que vous prenez en compte les obstacles à la DEI auxquels ils peuvent être confrontés et

CARRIÈRE ET SERVICE PUBLIC

Le développement de carrière met l'accent sur le fait que les carrières sont des processus autogérés et continus qui combinent des activités rémunérées et non rémunérées, des intérêts, des croyances, des valeurs, des habiletés et des compétences. Toutes ces choses sont façonnées par la culture, l'identité, le milieu socioéconomique, les préférences personnelles, etc. Définir la réussite professionnelle seulement par l'obtention d'un emploi ou d'une promotion a des implications concrètes pour la conception, la fourniture et l'évaluation des biens et services publics.

Comment la définition de la réussite profession-nelle peut-elle varier entre une nouvelle arrivante, un employé autochtone et une travailleuse du secteur des ressources mise à pied au milieu de sa carrière? Quel rôle les considérations familia-les, communautaires et géographiques jouent-elles dans la perception de la réussite professionnelle?

Considérez les défis complexes associés à la transition de la main-d'œu-vre du secteur pétrolier et gazier vers l'industrie émergente des énergies propres. Ce type de tran-sition requiert assurément des programmes de formation et des emplois stables, mais ce n'est pas suffisant. Les initiatives axées sur l'espoir et la résilience sont tout aussi importantes pour survivre aux transitions incer-taines et perturbatrices. Il est également essentiel de porter attention à la capacité d'agir, aux aspira-tions et aux compétences de chacune et de chacun. Les approches de type « taille unique » et « un travail est un travail » ont tendance à cultiver le découragement, le ressen-timent et l'hostilité.

Comment le fait de se concentrer sur la carrière et la réussite professionnelle, plutôt que sur l'emploi et le maintien en emploi, peut-il soutenir l'élaboration des programmes et des services relatifs à l'emploi et au travail d'un bout à l'autre du pays?

la manière dont vous pouvez les aider en tant que gestionnaire.

On ne saurait trop insister sur l'importance de votre rôle d'alliée inclusive ou d'allié inclusif dans la réussite professionnelle de vos gens lorsque ceux-ci sont confrontés à des barrières systémiques ou à la discrimination. Consultez l'article « À faire ou à éviter pour être un bon allié au travail » (**https://www.cpacanada.ca/fr/nouvelles/travail/2020-10-22-alliance-inclusive-milieu-de-travail**) ainsi que le rapport « Interrompre le sexisme au travail » publié sur le site Web de Catalyst : **https://www.catalyst.org/fr/reports/interrompre-sexisme-travail-hommes/**.

C'est toujours un moment de fierté pour les gestionnaires de voir un membre de leur équipe obtenir une promotion. Mais il ne s'agit pas du seul indicateur de succès – ni pour vos gens ni pour vous en tant que facilitatrice ou facilitateur de carrière. C'est particulièrement vrai dans le secteur public, où il peut y avoir (selon la province ou le territoire) plus de possibilités de mutation latérale, temporaire ou associée à un projet. Votre organisme dispose-t-il d'un programme officiel pour ce type de mutation? Existe-t-il des voies officieuses?

Pour une lecture complémentaire, veuillez consulter « Sept stratégies pour contribuer à l'avancement professionnel de vos employés » (**https://www.roberthalf.ca/fr/blog/conseils-de-gestion/sept-strategies-pour-contribuer-a-lavancement-professionnel-de-vos-employes**) et « 12 astuces pour créer une

progression de carrière stimulante… sans être obligé de donner des promotions ou augmentations salariales » **https://amelio.co/fr/creer-progression-carriere-gagnante/**.

Évaluer

Objectif : Cerner les données adéquates pour prendre de meilleures décisions

Pour beaucoup, les formations de développement professionnel et la gestion de carrière constituent une même activité. Ce n'est pas le cas. Mais la formation peut aider les employés à gérer et à orienter leur carrière. Prenez la résolution de vous assurer qu'à compter de maintenant, votre personnel évalue les formations suivies en ligne, en personne ou sur le terrain. Il doit évaluer en particulier les notions acquises et la façon dont il les a appliquées, et nommer un objectif de carrière et un objectif organisationnel que ces notions ont permis de promouvoir. Réservez-vous du temps pour examiner les résultats et déterminer les types de formation les plus efficaces.

Voici un exemple d'un questionnaire, **http://www.solutionsrh.net/grh/doc/outil_10.pdf**, ainsi que cette ressource supplémentaire sur l'évaluation de la formation d'Emploi-Québec : **https://www.emploiquebec.gouv.qc.ca/uploads/tx_fceqpubform/12_imt_guide-retombees-formation.pdf**.

Parcours B : Une heure par semaine

Si vous pouvez vous réserver une heure par semaine, envisagez d'ajouter les activités suivantes à votre plan de gestion de carrière hebdomadaire. Vous pouvez choisir deux ou trois activités par mois, ou choisir quelques activités à mener lors des réunions trimestrielles de la direction.

Se remuer les méninges

Objectif : Établir de nouvelles mesures positives à prendre

Pensez à l'importance d'écouter les membres de votre équipe et de réfléchir à leurs préoccupations. Songez aux questions, aux priorités et aux problèmes qui ressortent régulièrement lors de vos discussions. Quels besoins relatifs à la carrière semblent concerner l'ensemble de l'organisme, et lesquels touchent une seule personne ou un groupe? Que pourriez-vous faire pour tirer parti de la diversité, de l'équité et de l'inclusion? Écrivez trois questions que vous vous posez relativement à ces problèmes et envisagez d'en poser d'autres lors d'un appel de suivi de dix minutes avec un membre de votre équipe (ou avec votre superviseure ou superviseur, si vous avez besoin d'un avis ou de conseils).

Communiquer

Objectif : Instaurer une culture d'apprentissage et d'exploration qui encourage le développement des employés

Diffusez un article ou un outil mettant l'accent sur les compétences non techniques essentielles. Envisagez de vous abonner au bulletin gratuit *OrientAction en bref* du CERIC, une sélection hebdomadaire d'articles de diverses sources axés sur la carrière directement livrée dans votre boîte de réception : **https://orientaction. ceric.ca/**. OrientAction comprend cinq sections : (1) Ressources et formations, (2) Diversité, (3) Éducation, (4) Marché du travail et (5) Résultats de recherche. Vous trouverez dans ce bulletin des articles ou des sujets à diffuser au sein de votre équipe. Vous pouvez également puiser dans les « activateurs » de discussion fournis à la section 6 du présent guide.

Existe-t-il un intranet, un réseau ou un portail destiné au personnel

ACTIVITÉS SUPPLÉMENTAIRES POUR LES ORGANISMES COMPTANT DES GESTIONNAIRES DE PERSONNEL

Pensez au rôle des gestionnaires de personnel. Quelles connaissances ou compétences possèdent-ils en matière d'outils et de théories relatifs à la carrière? La plupart des gens supposent que leur supérieure ou leur supérieur peut offrir de bons conseils sur la gestion de carrière. Cependant, la plupart des discussions sur la carrière se cantonnent à l'aptitude à l'emploi, que ce soit au regard du poste actuel ou en prévision d'un nouveau poste. L'aptitude à l'emploi ne représente pourtant qu'un élément parmi d'autres dans une discussion sur la carrière. Quand on gère une équipe ou une main-d'œuvre grandissante, on peut améliorer ses investissements et sa gestion de carrière grâce à certains concepts, cadres et outils stratégiques.

Quelles notions parmi les suivantes vous sont familières?

- Gestion du changement
- Théorie des étapes du cycle ou du parcours de vie professionnelle
- Psychologie positive
- Étude neuroscientifique du comportement en milieu de travail

Ne vous en faites pas si ces termes ne vous sont pas familiers. Sachez cependant que les théories et les outils du développement de carrière peuvent contribuer à améliorer la prestation des programmes et services et l'élaboration des politiques pour toute une gamme de mandats du secteur public, même si ces mandats n'ont pas pour objet le développement de carrière. Consultez la section 5, à la page 73, pour en savoir plus sur le rôle du développement de carrière dans l'exécution des mandats du secteur public

Quand vous repérez, dans un secteur, un besoin qui sort du mandat de votre organisme, vous recherchez des ressources externes gratuites ou abordables. Il existe des ressources en gestion de carrière qui vous aideront à renforcer les compétences à l'interne, grâce à l'accompagnement, aux discussions sur la carrière, à la mise en place d'un plan de carrière et à la mobilisation du personnel. Demandez-vous si cet aspect devrait faire partie des objectifs de développement de vos gestionnaires de personnel, et si d'autres personnes pourraient aspirer au titre de « champion » ou « championne » de la gestion de carrière.

susceptible d'offrir des articles axés sur la carrière ou des contenus similaires? On trouve GCcollab et GCconnex dans l'administration fédérale. L'administration de la Colombie-Britannique dispose de @Work. Celle de la Nouvelle-Écosse propose TheHub et MyHR. Les administrations plus petites répertorient parfois les ressources et les programmes destinés au personnel sur leur site Web public.

Parmi les sources d'articles axés sur la carrière figurent également les groupes LinkedIn (cherchez « carrière gouvernement » ou « carrière secteur public » pour accéder aux discussions et ressources pertinentes) et les sites gouvernementaux suivants :

- Agence du revenu du Canada, « Embauche d'étudiants et de diplômés » : **https://www.canada.ca/fr/agence-revenu/organisation/carrieres-a-arc/chercher-types-emplois/embauche-etudiants-diplomes.html**
- Page « Carrières » de la Société canadienne d'hypothèques et de logement : **https://careers.cmhc-schl.gc.ca**
- Institut d'administration publique du Canada : **https://www.ipac.ca**
- Ressources de l'administration fédérale sur l'embauche d'Autochtones : **https://www.canada.ca/fr/commission-fonction-publique/emplois/services/emplois-gc/recrutement-autochtones-information-gestionnaires-embauche.html**
- IndigenousWorks (en anglais seulement) : **https://indigenousworks.ca/en/resources/indigenous-organizations**
- Guichet-Emplois du gouvernement du Canada : **https://www.guichetemplois.gc.ca/accueil**
- Page « Emploi » du gouvernement du Québec : **https://www.quebec.ca/emploi/**
- Carrières dans la fonction publique de l'Ontario : **https://www.gojobs.gov.on.ca**

- Portail Carrière du gouvernement du Québec : **https://www.carrieres.gouv.qc.ca/accueil/**

ACTIVITÉS SUPPLÉMENTAIRES POUR LES ORGANISMES COMPTANT DES GESTIONNAIRES DE PERSONNEL

Demandez aux membres de votre équipe de faire circuler un article qui leur fait penser à leur propre carrière. Demandez-leur de soumettre l'article d'ici une certaine date, avec quelques « points à retenir » ou des questions que l'article a suscitées chez eux. Si vous recueillez une douzaine d'articles ou plus, envisagez de créer un dossier en ligne ou un livret à transmettre aux nouvelles recrues dans le cadre du processus d'accueil et d'intégration, afin d'alimenter les discussions sur la carrière.

Discuter

Objectif : Harmoniser les objectifs de l'organisme et l'expérience quotidienne de votre équipe

Parlez de vos projets en cours et de vos priorités pour le prochain mois. Expliquez la relation entre votre travail et les tâches quotidiennes de votre équipe.

Sollicitez des questions qui suscitent l'intérêt ou la curiosité de l'ensemble de l'équipe ou qui évoquent des problèmes communs. Présentez les nouvelles occasions pour votre personnel d'apprendre les uns des autres, de mieux répartir leur travail ou d'explorer un nouveau sujet qu'ils ne comprennent pas tout à fait, mais dont dépend la réussite de l'organisme. Demandez aux membres de votre équipe de présenter, à tour de rôle, ce sur quoi ils travaillent, ce qu'ils ont appris et comment cela se rapporte aux priorités de l'organisme.

Les responsabilités et tâches principales sont souvent considérées comme distinctes des questions de carrière. Les premières sont considérées comme routinières, alors que les secondes sont considérées comme ambitieuses et orientées vers l'avenir. Cette activité montre que si les tâches quotidiennes sont explicitement mises en relation avec les questions et les objectifs de développement de carrière, elles deviennent des activités de gestion de carrière. En d'autres termes, la gestion de carrière fait partie des responsabilités et tâches principales.

Réaliser

Objectif : Prendre des mesures qui favorisent une culture de communication significative comme fondement d'une meilleure gestion de carrière

À mesure qu'évoluent les conditions de travail et les exigences, les gestionnaires modifient souvent la façon dont ils communiquent avec leur équipe. Les variations dans la fréquence, la qualité ou le centre d'intérêt des communications peuvent alimenter les spéculations du personnel. Cette situation

PASSEZ À L'ACTION

Une fois par trimestre, faites la liste des employés que vous auriez de la difficulté à remplacer s'ils décidaient de quitter l'organisme. Déterminez si c'est en raison de leurs compétences, de leurs relations ou d'autres qualités qu'ils sont si précieux. Réfléchissez ensuite aux personnes qui seraient en mesure de leur succéder, à l'interne ou à l'externe. Veillez à tenir compte de ces personnes lors de la révision de votre parcours de gestion de carrière. Avez-vous pensé à les mobiliser d'une manière adaptée?

peut être évitée.

Les gestionnaires peuvent avoir avec leurs subalternes des relations étroites qui sont en même temps professionnelles et productives. Avec le temps, une bonne discipline axée sur la communication, le respect de la frontière entre vie personnelle et vie professionnelle, etc., peut se relâcher, à mesure que l'équipe assimile les attentes à son égard et se montre prête à fournir un effort supplémentaire. Quand la relation repose davantage sur la confiance, il est naturel que la fréquence des communications diminue – y compris dans le renforcement positif et les remerciements. Cependant, tout le monde a besoin de sentir que ses efforts sont appréciés et que son avenir importe.

Quelle attention portez-vous à votre souplesse (à l'égard des délais et des méthodes de travail), à la communication ouverte et à la culture organisationnelle? En mettant l'accent sur la fidélisation, vous faites en sorte que la relation à long terme et la compréhension soient au cœur de chaque interaction. La fidélisation des bons éléments est cruciale, et la façon dont vous communiquez influence grandement leur décision de rester ou de partir.

Tout d'abord, reconnaissez que votre propre croissance peut entraîner des changements dans votre style de communication et de leadership. Ces changements peuvent être très bien accueillis par votre équipe. Ou ils peuvent être déroutants. Réfléchissez à la manière dont votre style de leadership a changé avec votre développement. Demandez-vous par exemple :

- Ma façon d'aborder et de considérer la souplesse et la communication a-t-elle changé avec le temps?
- Si oui, mon équipe sait-elle vraiment pourquoi j'ai apporté des changements qui ont une incidence sur ses interactions avec moi et les uns avec les autres?
- Quelles suppositions ai-je faites quant à la fréquence et au centre d'intérêt des communications? Par exemple, ai-je supposé que mon équipe était trop occupée pour un compte rendu hebdomadaire ou qu'elle préférait recevoir un compte rendu par courriel plutôt que d'assister à une réunion en ligne?

La façon dont nous communiquons en dit long sur notre degré de confiance, d'ouverture et d'engagement envers la réussite du personnel. Prendre conscience de notre propre croissance peut aussi nous permettre de reconnaître les attitudes ou croyances inconscientes que nous avons vis-à-vis de membres particuliers de notre équipe. Ce genre de situation entraîne souvent un accès inégal à l'information.

Ensuite, utilisez vos réponses pour examiner les points suivants et créer une liste de contrôle des communications :

1. Quel rythme de communication êtes-vous réalistement en mesure de tenir, en veillant à ce que le personnel sente que vous êtes investie ou investi dans sa réussite, beau temps, mauvais temps?
2. Comment vous assurer que l'information, les relations et la communication ne varient pas d'un groupe à l'autre sur la base de suppositions ou de préjugés infondés?
3. Comment les changements dans votre approche du leadership et de la communication pourraient-ils être présentés à votre équipe comme une illustration de votre propre développement de carrière, de votre vulnérabilité ou de votre foi dans les capacités de vos collègues?

Réfléchir

Objectif : Consacrer le temps nécessaire à la définition des aspects à développer au sein de votre équipe

Trouvez des vidéos et des balados liés à la carrière auxquels vous pourrez réfléchir à partir de votre point de vue personnel. Les conférences TED, par exemple, sont une excellente

ACTIVITÉS SUPPLÉMENTAIRES POUR LES ORGANISMES COMPTANT DES GESTIONNAIRES DE PERSONNEL

Discutez de la possibilité de désigner certains gestionnaires des ressources humaines comme des « champions de la gestion de carrière » dont la tâche consisterait principalement à fournir de bonnes ressources en gestion de carrière aux autres gestionnaires et aux membres du personnel. Notez les préoccupations soulevées, comme le manque de temps. Discutez de la possibilité qu'une ou deux personnes affectées à cette tâche prennent le temps d'accompagner le personnel lorsque de nouveaux outils ou de nouvelles pratiques sont adoptés dans l'organisme.

source de matériel qui nous met au défi de réexaminer les suppositions courantes sur une variété de sujets (et offre des conseils pratiques) :

- Jean-Philippe Poupard illustre de nouveaux modes managériaux révélateurs de talents « Tous facilitateurs du travail de demain »
- Simon Gagnon-Adam présente « Comment cultiver un climat de travail positif? »
- Jade Schwab-Garuz discute de l'importance de l'efficacité relationnelle dans la performance en entreprise dans « Comment mieux travailler en équipe? »
- Anaïs Georgelin discute de « Comment naviguer dans un monde du travail incertain »
- Frédéric de Belloy discute de comment « Manager en confiance »

Il existe également un nombre apparemment illimité de balados qui peuvent vous aider à réfléchir aux besoins et aux possibilités actuels relativement à votre équipe, à son engagement et à sa gestion de carrière. Faites une recherche sur Internet avec des mots clés comme

« balado fonction publique » ou « podcasts for public servants » et faites votre choix.

« Travailler mieux » avec Jean-François Bertholet fournit des conseils pour avoir une vie professionnelle stimulante (**https://ici.radio-canada.ca/premiere/balados/7901/travailler-mieux**) et « Les ambitieux' » de Mathieu Guénette discute de sujets sur la progression de carrière (**https://leschercheursdesens.com/les-ambitieux/**).

Utilisez ces types de ressources externes pour vous inspirer et vous motiver à penser de manière créative et positive. Le voyage que vous avez entrepris peut être extrêmement enrichissant – tant sur le plan personnel qu'organisationnel. Nous sommes tous victimes d'une vision en tunnel lorsque nous sommes très engagés dans la culture, les besoins, les objectifs et les processus de notre organisation. Les ressources externes sont un excellent moyen de nous rappeler ce qui compte vraiment et ce avec quoi tout un chacun doit se débattre dans son milieu de travail – quelle que soit l'organisation.

Évaluer

Objectif : Cerner les données adéquates pour prendre de meilleures décisions

Prêtez-vous à un exercice mental en considérant d'abord les questions suivantes :

- Quels indicateurs ou objectifs relatifs à la carrière établissez-vous pour les membres de votre équipe?
- Doivent-ils montrer qu'ils ont acquis de nouvelles connaissances au cours de l'année?
- Doivent-ils déterminer de nouvelles habiletés ou compétences qu'ils acquerront?
- Comment démontrent-ils qu'ils gagnent en maturité professionnelle au fil du temps?
- Comment leur travail s'aligne-t-il sur les objectifs de l'organisme?
- Quels objectifs vos employés souhaiteraient-ils mesurer et suivre (parmi ceux qui ne le sont pas déjà)?

Dressez la liste des principaux objectifs de votre organisme, puis réfléchissez aux manières dont le plan de carrière de chaque membre de votre équipe pourrait les qualifier ou susciter leur intérêt pour participer à un projet appartenant à l'une des catégories suivantes :

- Améliorer la prestation des services à la clientèle ou des programmes
- Évaluer les risques
- Accélérer la mise en place d'un nouveau service
- Établir de nouvelles relations avec les parties prenantes ou la collectivité
- Mener une nouvelle recherche
- Diminuer les coûts
- Promouvoir la diversité, l'équité et l'inclusion
- Informer la population des programmes gouvernementaux, des politiques ou des questions d'intérêt public

Étant donné la diversité des mandats du secteur public, vous pourriez devoir adapter ou personnaliser les catégories ci-dessus. Mais quel que soit le sujet, grand ou petit, assurez-vous de le faire concorder avec les forces et les talents de chacune et de chacun.

Compte tenu des limites de temps, de fonds et de personnel, quelles activités parmi les suivantes auraient les meilleures retombées?

- Mentorat par des spécialistes chevronnés
- Discussions plus fréquentes sur la carrière
- Nouvelles expériences (ex. : participation à un congrès ou à une activité communautaire)
- Formation
- Formation par observation assortie d'un calendrier

Il s'agit ici d'envisager différentes mesures et activités de gestion de carrière qui tiendraient compte des objectifs de votre organisme et offriraient de bons compromis.

Parcours C : Une demi-journée tous les deux ou trois mois

Si vous pouvez vous réserver une demi-journée tous les deux ou trois mois ou dans le cadre de vos activités annuelles de développement des employés, envisagez d'ajouter les activités suivantes à votre plan d'action en gestion de carrière.

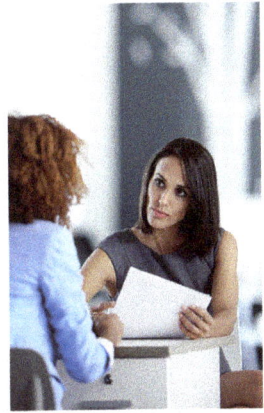

Se remuer les méninges

Objectif : Établir de nouvelles mesures positives à prendre

Pensez à votre façon de motiver le personnel. Certains gestionnaires croient que l'argent constitue le seul facteur de satisfaction, mais les études indiquent que tel n'est pas le cas. Par exemple, une étude de LinkedIn a révélé que la principale raison pour laquelle les gens avaient quitté leur emploi était le manque d'occasions d'avancement professionnel[17]. Une recherche menée par l'Institut d'administration publique du Canada a révélé que 85 % des recrues se sont joints au secteur public parce qu'ils cherchaient un emploi stable, 62 % parce qu'ils souhaitaient aider les autres et contribuer à changer les choses et 56 % parce qu'ils considéraient que cela correspondait à leur formation[18].

Quel type d'expérience serait pertinent pour chacun des membres de votre équipe? Certains vous accompagneraient sans doute à un événement avec plaisir. D'autres seraient peut-être ravis de relever le défi de résoudre un nouveau type de problème. Notez par

LE SAVIEZ-VOUS?

Dans nos entrevues avec des cadres du secteur public, nous avons constaté que 53 % pensent qu'ils devraient passer au moins une réunion par trimestre à travailler avec leur équipe sur des objectifs et des activités liés à la carrière. De même, 39 % pensent que leurs subalternes devraient revoir leurs objectifs de carrière au moins une fois par trimestre (ou une fois par année, selon 35 % des répondants). Mais parce que les gestionnaires – et le personnel – trouvent ces discussions difficiles, ils les évitent ou les reportent. Si tel est votre cas, examinez l'activité « Communiquer » ci-dessous pour vous aider à démarrer.

CARRIÈRE ET SERVICE PUBLIC

Une partie importante de tout périple de carrière consiste à explorer les options, les occasions et les possibilités. Celles-ci sont dynamiques et évolutives, et exigent une adaptation et une résilience continues au travers des multiples changements de vie. Comprendre les gens et leurs facteurs de satisfaction professionnelle est une tâche complexe. Un bon point de départ est de reconnaître que tout le monde, quel que soit son âge ou le stade de sa carrière, souhaite faire des choix éclairés pour sa vie et son parcours professionnel.

Chaque enfant se fait demander un jour : « Que voudras-tu faire plus tard? » L'accent mis sur le titre et la formation est restrictif. Une meilleure question pourrait être : « Quel aspect du monde pique ta curiosité? » Savoir explorer les réponses possibles à ce type de questions ne devrait pas se limiter au parcours scolaire des jeunes, ni même aux jeunes. Et savoir changer de voie est de plus en plus important. Disposer des outils et des ressources nécessaires pour pouvoir faire l'un et l'autre au fil des changements de vie et de carrière peut ouvrir toute une gamme de directions inédites aux individus comme aux organismes.

Considérez les outils suivants, qui visent à faciliter l'exploration de carrière :

- *Become Education* : un service australien d'éducation au choix de carrière qui vise à sensibiliser les jeunes, stimuler leurs aspirations et développer leur capacité d'agir à long terme – **https://www.become.education**
- *Qui aimerais-je devenir?* Ce livre pour enfants, de la conceptrice de contenus d'apprentissage Rumeet Billan, ne demande pas *ce que vous voulez faire plus tard*, mais *qui vous voulez devenir* – **https://www.whodoiwanttobecome.com**
- *Mots du boulot* : une encyclopédie en ligne, créée par le Conseil de l'information sur le marché du travail, qui offre une définition des principaux termes du marché du travail – **https://lmic-cimt.ca/fr/projets/les-mots-du-boulot/**

Comment utiliser ces types d'outils pour établir une culture où se poser la question *quelles sont les autres possibilités* devient une pratique courante? Quelle incidence une telle culture aurait-elle sur la population?

ailleurs que les facteurs de satisfaction sont influencés par un éventail de conditions externes, dont la culture, le milieu socioéconomique et les croyances et expériences personnelles.

Pour bien comprendre les facteurs de satisfaction des membres de votre équipe, il est essentiel que vous parliez ouvertement avec eux, sans faire de suppositions ni poser de jugement. Vous pourriez par ailleurs leur suggérer

de passer une évaluation en ligne ou d'utiliser tout autre outil qui pourrait les aider à établir leurs valeurs et leurs facteurs de satisfaction. Vous trouverez un questionnaire gratuit ici : **https://ged.univ-lille3.fr/nuxeo/nxfile/default/2fb7995d-a516-4e81-a6fa-57a62243cbf1/blobholder:0/Projet-professionnel.pdf**. (Pour obtenir des tests d'évaluation de grande qualité, vous pourriez envisager des services

LE SAVIEZ-VOUS? TRIADES ET MENTORAT INTERGÉNÉRATIONNEL

« Quel intérêt offrent les triades? Les études montrent que la culture organisationnelle se façonne à partir des relations que tissent de petits groupes d'employés. Des réseaux naturels et interreliés se font et se défont constamment dans le contexte des relations professionnelles et sociales. Dans une relation triadique à haut rendement, tous ses membres donnent et obtiennent en retour – dans le respect des valeurs communes, souvent tacites, qui guident leur travail. Chaque personne indique clairement quel type d'expertise elle peut fournir. Les membres de la triade demeurent également conscients de la qualité de la relation entre ses deux autres membres. Les triades procurent une structure à la fois stable et dynamique pour la mise en œuvre de programmes de formation, de changement et d'expansion à même le lieu de travail. Compte tenu du caractère intergénérationnel de la main-d'œuvre d'aujourd'hui, cette méthode offre une occasion unique d'harmoniser l'accueil et l'intégration, le développement du leadership et la gestion de la relève. »

– Challenge Factory, Triadic Mentoring Handbook (Manuel de mentorat triadique)

tarifés, comme ceux de Psymetrik : **http://www.psymetrik.com**.)

Créez un plan pour motiver le personnel sans recourir aux récompenses financières (ou revoyez votre plan si vous en avez déjà un). Tenez compte des aspects qu'une récompense vise à renforcer :

- La reconnaissance publique – au sein de votre organisme, du secteur public ou de votre communauté. Comment pourriez-vous mettre en valeur un travail bien exécuté dans vos communications internes et externes? Un membre de votre équipe pourrait-il représenter votre organisme lors d'un événement public?
- Appréciation du personnel – Tout le monde n'aime pas se retrouver sous les projecteurs de la reconnaissance, mais tout le monde veut se sentir apprécié. Qui serait heureux d'avoir une conversation en tête-à-tête sur l'excellence de son travail? Qui préférerait un courriel exprimant votre appréciation de son travail?
- Lieu de travail – Certaines personnes accordent une grande importance aux éléments qui rendent leur environnement de travail spécial. Quelles récompenses visibles pourriez-vous offrir?
- Travail intéressant – Y aurait-il un nouveau projet ou un nouveau domaine à explorer? Quels membres du personnel aiment consacrer une heure ou deux à une tâche qui ne fait pas partie de leurs responsabilités quotidiennes?

Pour plus d'idées et suggestions, veuillez consulter l'article « 35 façons efficaces pour motiver les employés » : **https://amelio.co/fr/comment-motiver-les-employes/**.

ACTIVITÉS SUPPLÉMENTAIRES POUR LES ORGANISMES COMPTANT DES GESTIONNAIRES DE PERSONNEL

Songez à créer un réseau. Pouvez-vous penser à trois membres de votre équipe qui accomplissent des tâches différentes, mais gagneraient à mieux se connaître? S'ils travaillent dans différents secteurs de votre organisme, peut-être pourraient-ils former une équipe interfonctionnelle? +Peut-être certains d'entre eux possèdent-ils un réseau interne ou externe bien établi, alors que d'autres possèdent des compétences ou des expériences uniques à partager? Les études montrent que si les membres d'une triade appartiennent à des générations différentes, le transfert des connaissances intergénérationnel et les innovations se concrétisent plus vite que dans la plupart des programmes de mentorat individuel classiques. Pour mettre en œuvre un programme de triades – où trois personnes s'allient pour renforcer leurs réseaux (internes et externes), développer leurs compétences et se soutenir mutuellement dans les activités liées à la carrière –, commencez par désigner trois premiers candidats (ou demandez aux gens de se proposer).

Communiquer

Objectif : Instaurer une culture d'apprentissage et d'exploration qui encourage le développement des employés

Établissez un calendrier régulier de discussions sur la carrière avec les membres de votre équipe. La plupart des gens apprécient les rencontres mensuelles ou trimestrielles. Assurez-vous qu'ils connaissent la fréquence de ces rencontres et la respectent. Si vous sautez des rencontres, ils en déduiront que leur carrière et leur engagement ne constituent pas une priorité pour vous. Quand vous vous préparez pour une discussion sur la carrière, envisagez de demander à l'employée ou l'employé quels sujets lui tiennent à cœur. N'oubliez pas que les problèmes de rendement devraient être traités au fur et à mesure, et qu'ils ne devraient pas faire l'objet de ces discussions plus

stratégiques de gestion de carrière. Consultez l'astuce de voyage de la page 22 pour un rappel de la différence entre la gestion du rendement et la gestion de carrière.

Voici une courte liste de questions courantes que vous pouvez utiliser comme point de départ pour structurer vos discussions sur la carrière :

1. Évaluez l'engagement, le niveau de réflexion et la fermeté d'intention de la personne :
« Depuis notre dernière discussion…
… quel a été votre principal motif de fierté dans votre travail?
… quel aspect nouveau a le plus suscité votre curiosité? »
2. Évaluez les défis auxquels la personne est confrontée, son sentiment d'enlisement et les problèmes à régler. Cette question permet notamment de s'assurer que cette personne n'est pas bloquée par des obstacles :
« Dans l'avenir, qu'est-ce qui pourrait

vous empêcher d'atteindre vos objectifs de carrière? »

3. Évaluez l'état d'esprit et l'attitude de la personne :

« Si vous pouviez résumer où vous en êtes dans votre parcours de carrière en un mot ou deux, quels seraient-ils? »

4. Montrez que le soutien, la croissance et l'engagement de cette personne vous tiennent à cœur :

« Comment pourrais-je vous aider d'ici notre prochaine discussion officielle? »

Pour plus de conseils, consultez les ressources de l'en-tête « Discussions sur la carrière » à la page 85.

PAROLE DE GESTIONNAIRE

« Si toute cette histoire de "discussion sur la carrière" vous semble intimidante ou difficile, concentrez-vous sur la relation avec la personne que vous gérez plutôt que sur le moment lui-même. »

– Gestionnaire dans une administration municipale

Discuter

Objectif : Harmoniser les objectifs de l'organisme et l'expérience quotidienne de votre équipe

Discutez de sujets liés à la carrière lorsque vous vous retrouvez avec d'autres gestionnaires. Si vous ne faites pas déjà partie d'un réseau ou d'un petit groupe de pairs qui se réunissent régulièrement, pensez à en trouver un. Dans certains cas, il s'agit d'occasions de réseautage et de soutien officiellement structurées. Dans d'autres, les gestionnaires se retrouvent autour d'un café, d'un dîner ou après le travail. Les rencontres peuvent aussi se faire à distance, par vidéoconférence ou clavardage.

Organisez une réunion avec trois ou quatre autres gestionnaires issus de différentes équipes ou organisations. Discutez des moyens de soutenir collectivement le développement professionnel de vos équipes respectives. Voici quelques activités en réseau ou en groupe qui méritent d'être essayées pour développer votre propre compréhension des gens et de la gestion de carrière :

1. Échanger des exemples de réussites et de défis.

2. Passer une journée à suivre un autre membre du groupe pour se familiariser avec un autre secteur ou un autre organisme.

3. Cibler des projets prioritaires sur lesquels vous pourriez travailler ensemble, comme l'évaluation de nouveaux systèmes ou outils, ou la mise sur pied d'une formation commune.

4. Explorer l'expérience de la diversité : recueillir et méditer les apprentissages tirés des expériences de carrière uniques de vos collègues et de divers groupes d'employés au sein de vos équipes respectives. Posez-leur des questions sur leur expérience professionnelle dans l'intention de comprendre comment la diversité, l'équité et l'inclusion ont

PAROLE DE GESTIONNAIRE

« Nous avons des outils qui traitent directement de l'intersection entre, d'une part, le développement de carrière et, d'autre part, la diversité, l'équité et l'inclusion. Nous avons développé ces outils à l'interne à partir de contenus sélectionnés. Il s'agit essentiellement d'une compilation de pratiques exemplaires. Nous avons incorporé des outils tirés d'articles, de webinaires, de vidéos et de balados à des contenus sur les moyens d'éliminer les biais et de devenir plus inclusif dans nos discussions sur la carrière avec le personnel. C'est très utile. Nous voulions des outils que les gestionnaires adopteraient immédiatement.

Par exemple, une personne pourrait dire à sa directrice qu'elle est heureuse dans son travail et qu'elle ne souhaite pas bouger. Ce pourrait être une question de préférence culturelle ou il pourrait y avoir en jeu d'autres facteurs dans sa vie. Il s'agit de comprendre l'importance de ne pas porter de jugement à ce sujet.

La boîte à outils est faite de choses très simples. Et tout est fondé sur le concept de biais. Nous avons tous des biais. Il est très naturel pour nous de retourner à ce que nous connaissons et de porter des jugements sur la base de ce que nous connaissons, sans avoir une idée vraiment juste de la situation vécue pour cet individu. »

– Cadre d'une administration provinciale

éclairé leur vision du travail, de la carrière et du leadership. Définissez clairement les attentes, les fonds disponibles (s'il y a lieu), l'échéancier et les responsabilités.

Réaliser

Objectif : Prendre des mesures qui créeront des occasions de développement pour votre équipe

Revoyez votre structure organisationnelle. Avez-vous une bonne description des principales responsabilités et fonctions de chaque membre de votre équipe? Cette activité ne concerne que la façon dont vous et votre équipe comprenez et voyez vos responsabilités et votre travail, et non la façon dont ils sont décrits dans les offres d'emploi formelles et réglementées. Préparez une description pour chaque poste, comprenant les éléments suivants :

- Un titre qui suscite l'enthousiasme de la personne concernée. Cet enthousiasme vous aidera à déterminer si la personne occupe le bon poste. Si le titre ne suscite aucun enthousiasme, tentez de

LE SAVIEZ-VOUS?

Nous avons demandé aux cadres du secteur public vers qui ils se tournaient lorsqu'ils avaient besoin de soutien en matière de gestion de carrière. Certains ont l'impression d'être sur une île, seuls et isolés. D'autres se tournent vers leur service des ressources humaines ou vers des consultants externes. Les pairs et les collègues gravitant dans le même organisme ou dans des réseaux professionnels peuvent représenter une source de soutien moins officielle et intimidante. Certains ont des mentors, parfois au sein de leur organisme, parfois à l'extérieur. D'autres recherchent le soutien de leur superviseure ou superviseur ou celui d'autres dirigeantes et dirigeants. D'autres encore s'impliquent dans leur association locale de développement de carrière pour trouver du soutien et des ressources. Quelles options avez-vous pour les personnes qui peuvent vous soutenir?

savoir pourquoi.

- Une description générale des tâches et responsabilités du poste.
- Les compétences nécessaires pour bien faire le travail (aptitude à favoriser le travail d'équipe, communication orale, pensée analytique, etc.). Voici une liste de 31 compétences pour vous inspirer (en anglais seulement) : **https://www.workforce.com/news/31-core-competencies-explained**. Les organismes publics ont parfois leur propre cadre de compétences auquel vous devriez vous référer.
- Enfin, indiquez comment vous évaluerez l'exécution des tâches. Quels résultats indiqueront que la personne effectue un bon travail?

Une fois que vous aurez déterminé les compétences et les indicateurs de réussite de vos subalternes, vous pourrez réfléchir à la façon dont ils peuvent tracer leur propre itinéraire de carrière. Un itinéraire de carrière donne aux employés l'assurance qu'ils réaliseront des progrès dans votre organisme ou dans la fonction publique en général.

Rappelez-vous qu'il est important de reconnaître le développement de carrière. Qui voudrait rester au même poste sans obtenir de reconnaissance des notions acquises ou des réalisations? Apprenez-en plus sur les itinéraires de carrière ici (en anglais seulement) : **https://www.brightnetwork.co.uk/career-path-guides/public-sector-government/4-paths-in-public-sector/**.

Réfléchir

Objectif : Consacrer le temps nécessaire à la définition des aspects à développer au sein de votre équipe

Réfléchissez à la façon dont évoluera votre organisme au cours des 12 à 24 prochains mois et aux compétences (techniques et non techniques) qui seront essentielles à son succès. Lancez une campagne interne sur « Les meilleurs aspects de mon travail » qui incitera le personnel à réfléchir à sa carrière et à témoigner de son expérience.

Assurez-vous d'inclure les pratiques de la DEI dans les besoins permanents

ASTUCE DE VOYAGE

La sécurité et la perception de la sécurité ont un impact important sur tout voyage. C'est également vrai des discussions sur la carrière et de la gestion de carrière. La sécurité psychologique est tout aussi importante que la sécurité physique sur le lieu de travail et dans chaque équipe. Amy Edmonson, professeure à l'École de commerce de l'Université Harvard, définit la sécurité psychologique au travail comme « la croyance partagée que l'équipe peut, sans crainte, prendre des risques interpersonnels[19] ». Les normes de sécurité psychologique comprennent le soutien à la santé mentale et au bien-être, l'expression ouverte et l'acceptation dans les relations interpersonnelles et de groupe, et les compétences nécessaires pour créer un environnement dans lequel ces normes sont respectées. Les gens doivent avoir la conviction qu'ils peuvent parler librement sans crainte de représailles. C'est une composante essentielle de l'inclusion et de la diversité de pensée. Consultez les ressources de l'en-tête « Diversité, équité et inclusion » à la page 90 pour en savoir plus sur la sécurité psychologique au travail.

de votre organisme en matière de compétences. Faites savoir à votre équipe que, s'il y a un angle DEI à son expérience, elle peut en parler sans crainte et est même encouragée à le faire. Voici deux ressources pour vous aider à réfléchir à des moyens concrets de favoriser un dialogue ouvert dans votre équipe :

1. Le kit gratuit « Mettre en place des espaces de discussion », de l'Agence nationale pour l'amélioration des conditions de travail (Anact) : 🗗 **https://www.anact.fr/outils/le-kit-gratuit-mettre-en-place-des-espaces-de-discussion**

2. « 10 conseils pour créer un espace sûr », d'Initiatives et Changement Suisse : 🗗**https://www.iofc.ch/fr/stories/10-conseils-pour-creer-un-espace-sur**.

Discutez de la façon dont les tâches de l'équipe pourraient évoluer au cours des prochaines années. Demandez à chacune et à chacun de réfléchir à l'histoire qu'ils voudraient raconter dans 12 ou 24 mois.

Demandez-leur de réfléchir à la manière dont cette histoire pourrait modifier leur perception de leur travail et de leur carrière. Quel serait le meilleur moyen de faire connaître ces histoires??

- Un babillard (ou l'équivalent en ligne), avec une image illustrant chaque histoire
- Un bulletin présentant une histoire chaque mois
- Un document partagé compilant la façon dont chaque personne résumerait sa carrière si elle était limitée à 140 caractères ou à une phrase

Évaluer

Objectif : Cerner les données adéquates pour prendre de meilleures décisions

Dans des activités précédentes, vous avez établi des indicateurs pour les activités liées à la formation et à la carrière. Rassemblez ces indicateurs et créez un tableau de bord reliant la participation du personnel, l'investissement en temps et en fonds, et les objectifs organisationnels clés. Ce devrait être un effort d'équipe mettant l'accent sur la collaboration et la communication ouvertes – pas un outil institutionnel plus large.

Assurez-vous d'obtenir les commentaires du personnel sur l'effet de ce travail de gestion de carrière sur l'amélioration de ses compétences au quotidien. Vous pourriez commencer par rassembler des témoignages sur la façon dont les membres de votre équipe font avancer leur carrière et les objectifs organisationnels, et en particulier le point de vue des membres des groupes marginalisés. Après quelques trimestres, examinez les tendances et créez un tableau de bord plus quantitatif qui vous permettra de déterminer quelles activités fournissent le meilleur rendement général pour les individus et pour l'organisme.

L'objectif est de relier clairement les activités de gestion de carrière aux objectifs organisationnels clés par des indicateurs significatifs. Après tout, comme le disait Peter Drucker : « Rien n'est plus inutile que de réaliser avec efficacité une tâche qui ne doit pas être accomplie du tout. » ∎

PASSEZ À L'ACTION

Cette activité est idéale pour les équipes ou les organismes qui réalisent des sondages sur l'engagement du personnel (et les gestionnaires qui ont la capacité d'agir sur la formulation de ces sondages). Souvent, ce genre de sondage met l'accent sur le degré de participation du personnel à certaines activités et sur la probabilité qu'il recommande à des amis ou à des collègues de travailler pour l'organisme (cela fait partie de ce qu'on appelle le taux de prescription). Vous pouvez améliorer votre sondage sur l'engagement du personnel et votre évaluation de la maturité de votre équipe ou de votre organisme sur le plan de la gestion de carrière en ajoutant la question suivante après chaque question : Quelle importance accordez-vous à cet aspect par rapport à vos objectifs de carrière?

Les réponses vous révéleront non seulement les aspects du travail et de votre culture qui motivent votre équipe, mais aussi ceux qui ont été jusqu'ici sous-estimés ou ignorés. Un investissement important dans des domaines qui ne se rattachent pas aux objectifs de carrière du personnel peut laisser présager des problèmes d'engagement. À l'inverse, un investissement très faible dans des domaines qui sont très importants pour les plans de carrière peut représenter un risque de roulement de personnel. Dans les deux cas, il est recommandé d'avoir une discussion sur la carrière et de tenter de concilier les objectifs de l'organisme et ceux du personnel.

Exemple d'itinéraire de gestion de carrière

Mon parcours de
gestion de carrière : de (mois) _____ (année)_____ à (mois) _____ (année)_____

D'après l'itinéraire A : Je réaliserai **une** des activités suivantes dès que j'aurai 10 minutes de libres (énumérez autant d'activités que vous voulez) :

	Ma prochaine étape	En cours	Terminée	À refaire
☐ _____	☐	☐	☐	☐
☐ _____	☐	☐	☐	☐
☐ _____	☐	☐	☐	☐

D'après l'itinéraire B : Je planifierai quelques heures par mois pour réaliser **deux ou trois** de ces activités chaque semaine, au cours des prochains mois :

	Ma prochaine étape	En cours	Terminée	À refaire
☐ _____	☐	☐	☐	☐
☐ _____	☐	☐	☐	☐
☐ _____	☐	☐	☐	☐

D'après l'itinéraire C : Dans le cadre de la planification des affaires annuelle, je réaliserai **un** de ces projets :

	Ma prochaine étape	En cours	Terminée	À refaire
☐ _____	☐	☐	☐	☐
☐ _____	☐	☐	☐	☐
☐ _____	☐	☐	☐	☐

Liste de vérification :

Avez-vous inclus des activités de différentes catégories?

Se remuer les méninges	Communiquer	Discuter	Réaliser	Réfléchir	Évaluer
☐	☐	☐	☐	☐	☐

Nombre d'activités choisies _____ _____ _____ _____ _____ _____

Si une activité en génère une autre, avez-vous ajouté cette activité de suivi dans la colonne « Ma prochaine étape »?

Avez-vous la certitude de pouvoir entreprendre toutes les activités que vous avez indiquées dans les colonnes « Ma prochaine étape » et « En cours »? Si ce n'est pas le cas, quels sont vos questionnements, ou quelles ressources vous manquent-elles?

_____

_____

Qui pourra vous aider à obtenir les réponses à vos questions ou les ressources nécessaires? (**CONSEIL :** À la page 81 de ce guide, vous trouverez une longue liste de ressources qui s'ajoutent à vos collègues, aux associations industrielles, à la Chambre de commerce et aux ressources internes de votre entreprise.)

_____

_____

_____

Exemple d'itinéraire de gestion de carrière

Mon parcours de
gestion de carrière : de (mois) _septembre_ (année) _2021_ à (mois) _juin_ (année) _2022_

D'après l'itinéraire A : Je réaliserai **une** des activités suivantes dès que j'aurai 10 minutes de libres (énumérez autant d'activités que vous voulez) :

	Ma prochaine étape	En cours	Terminée	À refaire
Appeler un employé pour lui demander des nouvelles	☐	☑	☐	☐
Passer en revue les évaluations de formation des employés	☑	☐	☐	☐
Rédiger mon parcours de carrière et le montrer	☐	☐	☐	☑

D'après l'itinéraire B : Je planifierai quelques heures par mois pour réaliser **deux ou trois** de ces activités chaque semaine, au cours des prochains mois :

	Ma prochaine étape	En cours	Terminée	À refaire
Écoutez le balado « Travailler mieux »	☐	☑	☐	☐
Établir des objectifs organisationnels en matière de carrière	☑	☐	☐	☐
Envisager d'établir des champions de la gestion de carrière	☐	☑	☐	☐

D'après l'itinéraire C : Dans le cadre de la planification des affaires annuelle, je réaliserai **un** de ces projets :

	Ma prochaine étape	En cours	Terminée	À refaire
S'efforcer d'améliorer les discussions sur la carrière	☐	☐	☐	☑
Mobilisez le personnel afin de trouver des façons de reconnaître l'importance de l'éducation aux choix de carrière	☐	☐	☑	☐
En savoir plus sur les triades et planifier leur mise en place dans l'équipe	☑	☐	☐	☐

Liste de vérification :

Avez-vous inclus des activités de différentes catégories?

Se remuer les méninges	Communiquer	Discuter	Réaliser	Réfléchir	Évaluer
☑	☑	☑	☑	☑	☑

Nombre d'activités choisies

2	1	1	2	1	2

Si une activité en génère une autre, avez-vous ajouté cette activité de suivi dans la colonne « Ma prochaine étape »? _Oui_

Avez-vous la certitude de pouvoir entreprendre toutes les activités que vous avez indiquées dans les colonnes « Ma prochaine étape » et « En cours »? Si ce n'est pas le cas, quels sont vos questionnements, ou quelles ressources vous manquent-elles?

J'ignore comment l'équipe va réagir à l'ajout de ces activités à un programme déjà chargé

Qui pourra vous aider à obtenir les réponses à vos questions ou les ressources nécessaires? (**CONSEIL :** À la page 81 de ce guide, vous trouverez une longue liste de ressources qui s'ajoutent à vos collègues, aux associations industrielles, à la Chambre de commerce et aux ressources internes de votre entreprise.)

Les gestionnaires et les directeurs — qu'est-ce qui les enthousiasme dans ces idées? S'appuyer là-dessus.
Demander à Raul comment son organisation a utilisé ces outils.
Demander à Paulette de rédiger de bons courriels internes pour susciter la curiosité.

Section 4 : Situations particulières

Apprivoiser la discussion sur la carrière — 56

Gestion des changements de vie et des absences autorisées — 59

Pratiques liées à la précarité d'emploi — 61

Carrière et nouveaux diplômés — 64

Enjeux relatifs à la carrière des employés de 50 ans et plus — 66

Quand les spécialistes du savoir manquent d'occasions d'avancement — 68

Entre investissement dans le personnel et exécution du mandat public — 70

Situations particulières

Parfois, des situations surgissent qui nécessitent une approche particulière de la gestion de carrière.

Dans cette section, nous aborderons des situations qui présentent des défis particuliers aux organismes publics. Tous les organismes publics ne connaissent pas toutes ces situations. Certaines situations sont néanmoins vécues par tous les organismes et se distinguent par les circonstances qui les entourent – et par les approches ou solutions particulières requises pour y répondre. Après avoir exploré cette section, nous vous suggérons de revenir à votre parcours de gestion de carrière et de le modifier en fonction des sujets qui sont particulièrement pertinents pour votre organisme.

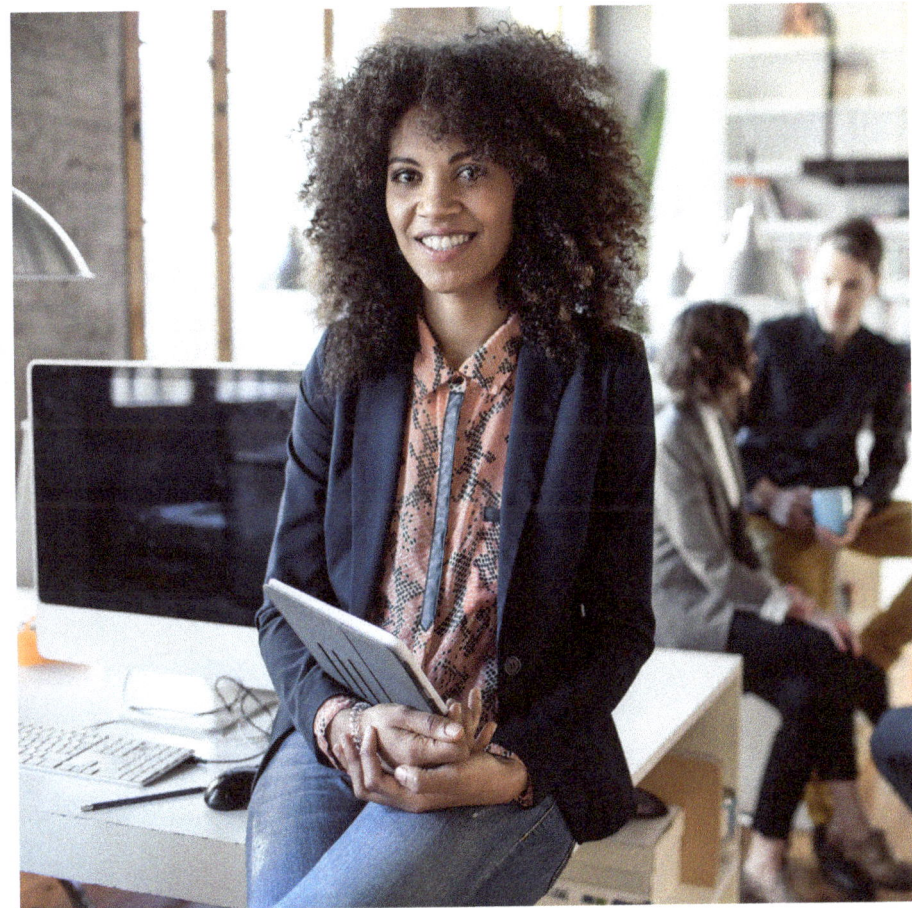

Apprivoiser la discussion sur la carrière

En tout, 51 % des cadres du secteur public que nous avons interrogés considèrent que les gestionnaires trouvent les discussions sur la carrière difficiles, ou « parfois » difficiles pour 27 % des répondants.

Bien qu'on trouve couramment des cours de développement professionnel d'un genre ou d'un autre dans le secteur public, des manques importants persistent dans certains organismes et dans certaines équipes. Parmi les cadres que nous avons interrogés, 55 % ont déclaré n'avoir reçu aucune formation pour l'encadrement du personnel ou la gestion de carrière. Ces cadres doivent donc souvent apprendre par eux-mêmes à établir la relation avec les membres de leur équipe, se familiariser avec leurs différents rôles et engager le dialogue. Leurs sources de préoccupation ou de problèmes à l'égard des discussions sur la carrière appartiennent généralement à deux catégories : les contraintes et la confiance en soi.

- Il est difficile de guider des gens qui ne savent pas très bien eux-mêmes quels sont leurs aspirations ou leurs objectifs.

- C'est embarrassant lorsque des membres du personnel demandent de l'aide et que les gestionnaires n'ont pas de suggestions ou de solutions à leur offrir.

- Les membres du personnel seraient démoralisés s'ils réalisaient qu'il n'y a pas de possibilités d'avancement qui correspondent à leurs compétences ou à leurs intérêts, ce qui ne ferait que précipiter leur départ.

- Il est difficile de trouver le temps de bien se préparer aux discussions sur la carrière, et encore plus de les tenir et de faire le suivi des décisions qui en ont découlé.

Devant de telles contraintes et de tels défis, il peut être tentant de ne pas tenir du tout de discussion sur la carrière. Si l'on ajoute les efforts constants qu'il faut déployer pour répondre aux

PASSEZ À L'ACTION

Votre parcours de gestion de carrière prévoit des activités liées à ces suggestions (voir, par exemple, l'activité « Communiquer » du parcours C, à la page 46). Les gestionnaires jouent un rôle essentiel dans la création d'un environnement où des discussions significatives et continues sur la carrière peuvent avoir lieu.

exigences opérationnelles élevées et exécuter le mandat de l'organisme avec des ressources limitées, les discussions sur la carrière peuvent rapidement disparaître de l'ordre du jour.

Que pouvez-vous donc faire si les discussions sur la carrière vous semblent compliquées? Revenez à l'essentiel :

PAROLE DE GESTIONNAIRE

« Engagez la discussion. Le dialogue est important. Ne soyez pas timide; il faut bien commencer quelque part. Faites-en quelque chose de régulier, ne serait-ce qu'une fois ou deux par année. Assurez-vous qu'elles ont lieu. Prenez le temps d'avoir ces discussions. Et faites appel aux bonnes ressources – utilisez TOUTES les ressources. Ces discussions sont mutuellement avantageuses. Tout ce que vous trouvez peut servir à la carrière de votre personnel, et tout ce que votre personnel propose peut servir à votre propre carrière. Rien n'est perdu dans le développement professionnel et les discussions sur la carrière. »

– Gestionnaire dans l'administration fédérale

- Rappelez aux gens que vous n'aurez pas toutes les réponses à leurs questions sur la carrière ou à leurs besoins professionnels, mais que vous avez à cœur de travailler avec eux à les trouver.

- Rappelez-vous à *vous-même* qu'il n'est pas nécessaire d'avoir toutes les réponses pour engager la discussion. Votre tâche est surtout d'écouter et d'apprendre.

- Vos subalternes seront sans doute tout aussi nerveux que vous. Il faut leur expliquer ou leur rappeler ce qu'est une discussion sur la carrière et en quoi elle diffère d'une évaluation du rendement.

En se basant sur ces résultats, la haute direction peut contribuer à améliorer la qualité des discussions sur la carrière, notamment en prenant les mesures suivantes :

- Fournir aux gestionnaires des options de reconnaissance et de récompenses non pécuniaires qui pourraient être accordées aux employés (affectation à un projet stimulant, un comité ou un groupe de travail; dîner avec une dirigeante ou un dirigeant difficile d'accès; courriel remerciant la personne pour sa contribution personnelle et l'impact de son travail).

- Réfléchir aux façons d'offrir au personnel des occasions de développement professionnel, en

LE SAVIEZ-VOUS?

La préparation d'une discussion sur la carrière est cruciale, même quand elle se tient entre deux personnes qui se connaissent bien et travaillent ensemble depuis longtemps. Voici les sept erreurs courantes à éviter lors des discussions sur la carrière (adapté de *Gestion des ressources humaines : un guide pour les propriétaires de petites entreprises*) :

1. Ignorance : Préparez-vous pour l'entrevue en consultant le dossier de la personne ou en examinant ses réalisations. Recherchez des écarts inexpliqués, des contradictions ou des questions en suspens. Si certaines questions que vous vous posez demeurent sans réponse, posez-les à la personne et écoutez attentivement sa réponse.

2. Manque d'attention : N'acceptez aucune interruption pendant l'entrevue. Un appel téléphonique ou toute autre interruption lésera la personne en face de vous et diminuera la valeur de la discussion.

3. Verbosité : Essayez de ne pas trop parler lors de la discussion. Laissez la personne parler et écoutez-la attentivement. Demandez-lui les sujets qu'elle désire aborder avant d'engager et de diriger la discussion.

4. Incohérence : Réservez le même traitement à tout le monde. Respectez le même horaire et les mêmes points de déclenchement pour les discussions sur la carrière. Maintenez une fréquence régulière.

5. Propos non pertinents : En soulevant des détails sans importance, vous en révélez plus sur vous-même que sur la personne que vous voulez aider. Tenez-vous-en aux expériences précises et aux exemples provenant du milieu de travail pour appuyer la discussion.

6. Mauvaise gestion : Ne déviez jamais du sujet. Respectez le temps que vous aviez prévu, en rappelant votre engagement à l'égard de discussions régulières. Aucune urgence ne devrait se faire sentir, car il s'agit d'une relation et d'une discussion à entretenir à long terme.

7. Remise à plus tard : Prenez une décision assez rapidement. Assurez-vous que votre processus d'entrevue demeure raisonnable et non bureaucratique. Si vous acceptez de prendre une mesure, établissez les engagements à court et à long terme pour effectuer un suivi.

tenant compte des priorités et des projets de l'organisme pour les 6 à 12 prochains mois. Les gestionnaires doivent savoir, parmi ces possibilités, lesquelles s'offrent à leur équipe.

- Aider les gestionnaires à accorder la priorité aux discussions sur la carrière à titre d'activité stratégique. ■

Gestion des changements de vie et des absences autorisées

La pandémie de COVID-19 a jeté une nouvelle lumière sur la conciliation travail-famille et nous a rappelé que les événements de la vie suscitent des besoins professionnels qui sont propres à chacune et à chacun.

Il arrive que les membres du personnel prennent un congé de maternité ou parental, ou demandent un congé autorisé pour prendre soin d'un proche. Il arrive aussi qu'une urgence médicale ou un décès dans leur famille entraîne une interruption de leur travail. La pandémie de COVID-19 a posé des défis inédits aux travailleuses et aux travailleurs qui ont dû se substituer à l'école et au service de garde de leurs enfants. Il peut être difficile de faire preuve de souplesse et de répondre aux besoins professionnels des membres du personnel pendant leur absence, lorsqu'ils sont aux prises avec des événements importants ou lorsqu'ils retournent au travail.

Au Canada, 35 % de la main-d'œuvre participe aux soins d'un membre de la famille[20]. L'administration fédérale a dressé une liste de pratiques adoptées par les organisations de toutes tailles afin de satisfaire les besoins de leur personnel tout en tenant compte des restrictions en matière de productivité, de dotation et de roulement de personnel : **http://www.publications. gc.ca/collections/collection_2015/edsc-esdc/Em12-8-2015-fra.pdf**.

PASSEZ À L'ACTION

Avant la COVID-19, il est probable qu'un tiers de votre personnel respectait son horaire de travail tout en s'occupant d'un proche. Avec les bouleversements provoqués dans le monde du travail par la COVID-19, cette proportion ne peut qu'avoir augmenté et placé les proches aidants devant des choix de carrière difficiles. Selon les résultats d'un sondage publié en septembre 2020 par l'entreprise FlexJobs, 40 % des parents qui travaillent ont dû accepter des changements à leur emploi[21] : 25 % ont réduit volontairement leurs heures de travail, et 15 % ont dû quitter leur emploi. De ceux qui ont quitté leur emploi, 38 % ont déclaré qu'ils ne prévoyaient pas de retourner sur le marché du travail.

Décidez s'il vaut mieux ajouter des mesures à votre parcours de gestion de carrière afin de déterminer les répercussions sur votre organisme, les besoins de votre équipe et les possibilités cachées qui pourraient répondre à ses besoins tout en favorisant la croissance de l'organisme.

Le CERIC a également publié des guides traitant spécifiquement des enjeux relatifs à la carrière en cas de congé de maternité ou parental. Bon nombre des suggestions et des recommandations de ces guides s'appliquent aussi aux personnes en congé pour d'autres raisons.

Apprenez-en plus aux adresses suivantes : ⬀**http://ceric.ca/ maternite_employeur** et ⬀**http://ceric. ca/maternite_employee**.

Rappelez-vous : Les événements de la vie et les congés autorisés ne sont pas extérieurs au périple professionnel de chacune et de chacun – ils en sont une partie intégrante. Ce qui signifie que les gestionnaires doivent soutenir leur personnel dans ces moments difficiles, plutôt que de faire « pause » jusqu'à son retour au travail. ∎

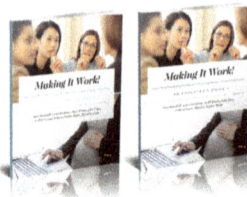

CARRIÈRE ET SERVICE PUBLIC

La plupart des gens, à un stade ou à un autre de leur vie, développeront une condition chronique ou une maladie grave, ou devront prendre soin d'une personne dont c'est le cas. On a tendance à voir le congé de maladie comme une mesure d'urgence ou une circonstance exceptionnelle, et la maladie, comme un moment où la carrière est mise sur la glace. La vérité est que les congés de maladie font partie intégrante de la gestion des effectifs et constitue souvent une expérience inévitable pour le personnel :

- 44 % des adultes au Canada souffrent d'au moins une affection chronique[22], et une personne sur huit souffre de deux affections ou plus[23].
- Les personnes qui souffrent de trois affections chroniques ou plus sont plus susceptibles d'être des femmes dans la fourchette des revenus les plus faibles[24].
- Plus de deux millions de personnes au Canada âgées de 15 ans ou plus – soit 7,3 % de la population – ont une incapacité liée à la santé mentale, et l'âge moyen auquel une personne avec une incapacité liée à la santé mentale commence à se sentir limitée dans ses activités quotidiennes est de 31 ans[25].
- 52 % des personnes atteintes d'une incapacité liée à la santé mentale considèrent qu'elles sont désavantagées sur le marché de l'emploi[26].
- Deux personnes sur cinq développeront un cancer au cours de leur vie.[27]

Comment normaliser la relation entre la santé et la carrière pourrait-il orienter l'élaboration des politiques publiques? Rappelez-vous que le développement professionnel est un processus continu qui combine des activités rémunérées et non rémunérées, nécessite un soutien, un accompagnement et une adaptation au fil des transitions, et implique des choix éclairés conditionnés par des contraintes internes et externes.

Pratiques liées à la précarité d'emploi

Dans ce guide, nous examinons en quoi la responsabilisation en matière de carrière peut être un outil efficace pour améliorer les emplois dans le secteur public.

On confond souvent l'emploi précaire avec l'économie axée sur le travail à la pige ou l'économie de petits boulots (*gig economy*). Il faut cependant les distinguer. L'emploi précaire désigne des pratiques abusives donnant lieu à des postes caractérisés par une faible rémunération, de l'insécurité et un manque de protection. Il comprend des situations où la personne est sans contrat de travail ou encore privée de droits fondamentaux en matière d'emploi, comme les congés et les pauses rémunérés[28].

Ce type de travail a été observé dans les secteurs privé et à but non lucratif, mais il peut aussi avoir lieu dans le secteur public. Selon l'Institut professionnel de la fonction publique du Canada, l'administration fédérale est l'une des organisations canadiennes qui font le plus appel aux contractuels, aux consultants, aux employés temporaires et aux travailleurs occasionnels[29].

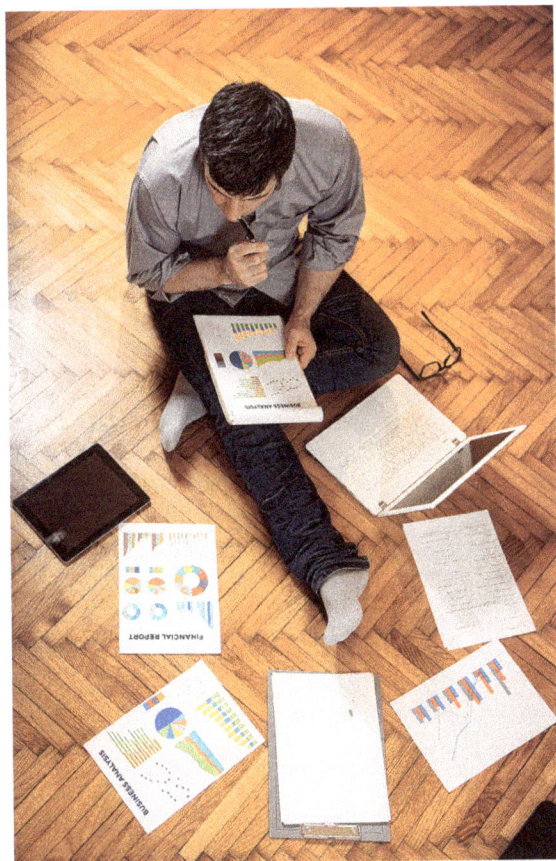

Le Centre canadien de politiques alternatives, pour sa part, a constaté que près de la moitié des effectifs des universités et des collèges de l'Ontario travaille dans des conditions précaires et que les indices de précarité

CARRIÈRE ET SERVICE PUBLIC

On estime qu'une personne sur cinq au Canada a un emploi précaire, en dépit du haut niveau d'instruction, des titres, des compétences et de l'expérience de la main-d'œuvre[32]. Soit cette remarque faite par Francis Fong, économiste en chef de CPA Canada :

«« (Le) processus d'élaboration d'une définition officielle du travail précaire et de collecte de données officielles constitue une première étape importante avant que soient même envisagées les politiques à adopter. Cela dit, le débat sur cet enjeu est déjà passé à l'étape suiv-ante. En effet, nombre d'observateurs réclament déjà la modification de certaines politiques, notamment l'imposition de limites aux contrats à durée indéterminée, la hausse du salaire minimum, l'augmentation des fonds destinés aux programmes de formation et de mise à niveau des compétences, voire la mise en place d'un revenu minimum garanti... [Mais], l'incapacité d'établir avec précision qui sont les travailleurs précaires pourrait donner lieu à des politiques qui rateront leurs cibles, c'est-à-dire qui viseront des personnes n'ayant pas nécessairement besoin d'aide ou qui laisseront de côté des segments entiers de la population qui en auraient vraiment besoin[33]. »

Comment les principes, activités ou services du développement de carrière pourraient-ils ouvrir de nouvelles considérations et approches face au défi de l'emploi précaire? La perspective de la gestion de carrière pourrait-elle contribuer à la réflexion sur l'instabilité du marché du travail, les lacunes de l'assurance-emploi ou l'intérêt d'un revenu minimum?

(accumulation des emplois, travail temporaire, heures supplémentaires non rémunérées) sont à la hausse[30].

Une étude menée par l'Institut canadien de recherches sur les femmes a montré que les femmes – et en particulier les femmes marginalisées (autochtones, racialisées, handicapées, plus jeunes, plus âgées, membres de la communauté LGBTQIA+) – sont plus touchées que les hommes par la généralisation des pratiques d'emploi précaires dans le secteur public canadien[31].

En consultant les ressources et études diverses qui ont trait à ce sujet (ces documents sont répertoriés à la section des ressources supplémentaires, à la page 81 de ce guide), on s'aperçoit vite que les acteurs du secteur, où les ressources sont limitées, ont le sentiment d'avoir très peu d'options permettant d'établir un cadre de travail propice au travail décent pour tous. En établissant un parcours de gestion de carrière et en mettant en œuvre certaines activités incluses dans ce guide, vous constaterez que les membres de votre équipe (qu'ils soient employés permanents à temps plein, à temps partiel, contractuels, temporaires, etc.) peuvent vous aider à remettre en question ce postulat et à trouver de nouvelles façons d'améliorer les conditions générales de travail et d'emploi dans votre organisme. ∎

CARRIÈRE ET SERVICE PUBLIC

Un rapport du gouvernement fédéral sur l'adoption de politiques appropriées et pertinentes pour traiter le problème de l'emploi précaire reprend plusieurs principes du développement professionnel :

- Le monde du travail est en mutation, et pourtant la législation canadienne en la matière et le filet de sécurité sociale ont été conçus à une époque où la plupart des gens s'attendaient à travailler toute leur vie pour un seul grand employeur.

- Les formes que prend cette mutation – notamment les changements technologiques drastiques – exigent plus qu'une simple réforme des politiques en matière de compétences. Il faut une approche globale qui incorpore l'apprentissage permanent, la capacité de prospérer malgré les bouleversements, l'adaptation du filet de sécurité sociale, le renforcement de la résilience et l'adoption d'un état d'esprit accueillant les changements de culture.

- Les ressources doivent être acheminées aux personnes et aux groupes (étudiantes et étudiants autochtones, personnes handicapées, travailleuses et travailleurs autonomes) qui en ont le plus besoin. L'identité de ces personnes et de ces groupes, tout comme les solutions appropriées à leurs besoins, continuera d'évoluer à un rythme trop rapide pour les programmes, les indicateurs et les cycles d'évaluation traditionnels.

- La main-d'œuvre a besoin d'aide pour apprendre à profiter des nouvelles possibilités tout en évoluant à l'intérieur des limites imposées par les contraintes internes (finances, culture, santé) et externes (marché du travail, technologie)[34]

Quelle contribution ce type de perspective globale sur les circonstances et les besoins de la population active canadienne en matière de carrière pourrait-il faire à l'élaboration des politiques publiques?

Carrière et nouveaux diplômés

Dans une société où la sécurité d'emploi devient de moins en moins certaine, les personnes en fin d'études ou en début de carrière voient l'administration publique comme l'un des rares grands employeurs encore en mesure d'offrir un emploi stable[35].

Pourtant, la perception persiste que la jeune génération ne souhaite pas travailler dans la fonction publique ou que, si elle daigne le faire, elle ne compte pas y rester à longtemps. Ce qui soulève des préoccupations quant au temps et aux efforts requis pour recruter les plus jeunes et au « retour sur investissements » qu'il faut en attendre.

Lorsque nous avons demandé aux cadres du secteur public le niveau de soutien fourni au personnel aux différents stades de sa carrière, les jeunes diplômées et diplômés et les personnes en début de carrière (o à 5 années de service) étaient identifiés le plus fréquemment (89 %) comme le personnel recevant le plus grand soutien. Un résultat qui contraste avec celui de l'Institut d'administration publique du Canada, qui constate que seuls 46 % des fonctionnaires sont satisfaits du soutien qu'ils ont reçu lorsqu'ils ont rejoint la fonction publique[36]. (Pour l'élaboration d'un plan d'intégration des nouvelles recrues, nous vous recommandons l'outil suivant : **https://challengefactory.ca/ publications/the-canadian-guide-to-hir-ing-veterans/**. Cette ressource – en anglais – a été conçue à l'intention des anciens combattants, mais il est facile de l'adapter aux nouvelles recrues.)

De nombreuses ressources sont à votre disposition pour vous aider à établir de bonnes relations de travail avec vos jeunes recrues. Vous éviterez ainsi que les stéréotypes et les idées préconçues sur les différences générationnelles nuisent à vos interactions. Il est important de découvrir leur éthique de travail, leurs valeurs et leurs capacités avant de poser un jugement. Comme le remarque un article de la *Harvard Business Review* : « Une accumulation croissante de données indique que les personnes de tous âges se ressemblent plus qu'elles ne diffèrent dans leur attitude et leurs valeurs au travail. S'il existe des écarts, ils représentent des différences minimes, du genre qui ont toujours existé entre les plus jeunes et les plus âgés tout au long de l'histoire[37]. »

Il est important de se rappeler que la façon dont la jeune génération percevra son lieu de travail, son employeur et les attentes à son égard dépendra de l'évolution du monde du travail. Selon Deloitte, l'une des principales caractéristiques de la génération Z (les personnes nées entre 1995 et 2012) sera l'exigence d'une plus grande personnalisation de son parcours de carrière[38]. Attirer et fidéliser les membres de cette cohorte exigera des organisations qu'elles adoptent un autre état d'esprit et mettent l'accent sur l'évolution et l'adaptation rapide aux conditions changeantes de la société et du travail. Exemples d'initiatives de ce type d'évolution :

- Créer une grille de carrière et des formats de travail multiples

- Mettre en place des marchés internes pour faire se rencontrer les projets et les compétences requises

- Tirer parti de l'expertise intergénérationnelle et du mentorat pour faire des jeunes professionnelles et professionnels des dirigeantes et dirigeants solides

- Élaborer des programmes de formation solides qui prévoient des moyens concrets de promouvoir la diversité

- Renforcer le pouvoir d'attraction de votre organisme dans son ensemble ■

LE SAVIEZ-VOUS?

« Les jeunes professionnels sont en quête d'occasions de développement professionnel sous différentes formes. Parmi les avantages supposés d'une carrière dans la fonction publique figurent les possibilités de formation et de perfectionnement. Or nombre de participants vivent une réalité inverse en raison des budgets serrés et de l'information limitée. Savoir naviguer dans la panoplie de cheminements de carrière peut également sembler une tâche titanesque. Pour répondre efficacement aux attentes relatives au développement des talents, la fonction publique doit continuellement fournir aux employés de l'information sur les perspectives de carrière, des conseils et un accompagnement. Un exemple remarquable en la matière vient du gouvernement de la Nouvelle-Écosse, où les fonctionnaires peuvent faire appel à un spécialiste du développement de carrières pour avoir des conseils personnalisés sur leur développement professionnel.

Pour nombre de jeunes fonctionnaires, les programmes de rotation et de détachement pour des projets spécifiques – qui prévoient de déployer les employés dans d'autres équipes, ministères ou gouvernements, voire dans d'autres secteurs pour une période de temps définie – figurent parmi les options intéressantes d'évolution professionnelle. La mobilité latérale peut aussi constituer une option séduisante, lorsque des schémas de classification rigides et de longues procédures de validation freinent l'avancement. Même si les dirigeants de la fonction publique ne devraient pas hésiter à promouvoir les jeunes professionnels très performants, certains participants indiquent néanmoins que d'autres avenues doivent être offertes à celles et ceux qui n'auraient pas un profil spécialement adapté ou d'intérêt pour les postes d'encadrement[39]. »

– Forum des politiques publiques, Bâtir un avenir dynamique : la prochaine génération de talents de la fonction publique

Enjeux relatifs à la carrière des employés de 50 ans et plus

L'âge de la retraite a été fixé dans les années 1930, alors que l'espérance de vie était de 62 ans.

Aujourd'hui, l'espérance de vie avoisine les 85 ans. Il est tout à fait naturel que les gens optent de plus en plus souvent pour la vie active après l'âge traditionnel de la retraite. En outre, nous savons que nombre d'employés s'inquiètent de leur situation financière et doivent continuer de gagner un revenu pour une période plus longue qu'ils ne l'auraient prévu ou souhaité.

Par conséquent, une nouvelle phase de la carrière fait son apparition. Au lieu de passer directement de leur carrière principale à la retraite, les gens vivent désormais une transition intentionnelle entre le travail qu'ils accomplissent dans leur trentaine et leur quarantaine

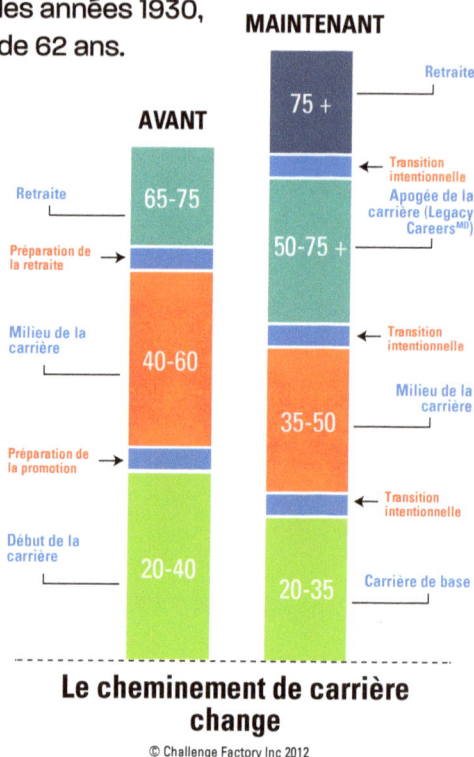

MAINTENANT

AVANT

Retraite — 75 +

Transition intentionnelle
Apogée de la carrière (Legacy Careers^MD)

Retraite — 65-75

Préparation de la retraite →

50-75 +

Milieu de la carrière — 40-60

Transition intentionnelle

Milieu de la carrière — 35-50

Préparation de la promotion →

Transition intentionnelle

Début de la carrière — 20-40

20-35 — Carrière de base

Le cheminement de carrière change

© Challenge Factory Inc 2012

PASSEZ À L'ACTION

Réfléchissez aux façons dont votre organisme tire parti du talent des employés à l'apogée de leur carrière (Legacy Career^MD). Sur le site Web de l'Organisation mondiale de la santé, vous trouverez plusieurs articles sur l'âgisme dont un article sur l'âgisme et le travail (⤤ **https://www.who.int/ageing/features/workplace-ageism/fr/**), et un quiz permettant d'évaluer ses propres attitudes par rapport au vieillissement (⤤**https://www.who.int/ ageing/features/attitudes-quiz/fr/**). Pour les questions portant plus spécifiquement sur le milieu de travail, Challenge Factory, chef de file nord-américain en la matière, aide une foule d'organismes à tirer parti des changements démographiques. Vous trouverez une panoplie de cours et de ressources, tant pour le personnel que pour la direction, à l'adresse suivante : ⤤**www.challengefactory.ca**

et une nouvelle situation qui concorde mieux avec leurs qualités, leurs intérêts, leur mode de vie, leurs besoins et la demande du marché.

Comme dans le cas des plus jeunes, les stéréotypes, les idées préconçues fondées sur l'âge et le langage teinté d'âgisme prédominent dans la perception des personnes plus « chevronnées ». Dans les pratiques d'embauche, l'âgisme est monnaie courante, quoique souvent involontaire, d'après nous. En deux mots, nous ne sommes pas conditionnés à croire que notre productivité se maintient ou continue de grimper après nos 60 ans. Toujours est-il que le cheminement de carrière est en train de changer et que les employeurs doivent prendre conscience des avantages (augmentation de la productivité et de la fidélisation) et des inconvénients (poursuites judiciaires, mauvaise réputation) qui motivent l'abandon des perspectives dépassées sur le développement de carrière.

Nos entretiens avec des cadres du secteur public ont révélé qu'ils avaient parfois du mal à offrir un soutien professionnel aux personnes dont l'âge est supérieur au leur. N'oubliez pas qu'une partie importante de votre responsabilité est : (1) d'écouter et d'apprendre pendant les discussions sur la carrière; (2) de vous assurer que votre équipe reste motivée au travail – à la fois pour sa satisfaction personnelle et pour le succès de l'organisme –; et (3) de favoriser un milieu de travail dans lequel votre équipe se sent appréciée et respectée. Vous n'avez pas besoin d'avoir toutes les réponses. Mais montrer à tous les membres de votre équipe – quel que soit leur âge – que vous êtes là pour eux peut contribuer grandement à leur donner un sentiment de sécurité, de communauté et d'utilité. ∎

LE SAVIEZ-VOUS?

Les mythes sur le personnel vieillissant sont profondément ancrés dans la société et conduisent souvent les organisations à perpétuer des pratiques et des idées teintées d'âgisme, même lorsqu'elles souhaitent l'éviter. Voici cinq faits importants à rappeler pour briser ces mythes et vous aider à combattre l'âgisme :

1. Le personnel plus âgé ne coûte pas plus cher que le personnel plus jeune.

2. Il n'est pas avantageux du point de vue organisationnel de fixer une « date de péremption » à la vie professionnelle.

3. La formation du personnel au-delà d'un certain âge n'est pas un investissement perdu.

4. Le personnel plus âgé est tout aussi productif que le personnel plus jeune.

5. On ne peut pas corréler les problèmes de rendement avec les cohortes générationnelles[40].

Quand les spécialistes du savoir manquent d'occasions d'avancement

L'avancement professionnel dans le secteur public est souvent associé à l'accroissement des responsabilités d'encadrement.

Cela laisse les spécialistes du savoir et les spécialistes techniques, et les personnes qui ont peu de goût pour les rôles d'encadrement, un peu désorientés lorsqu'ils tentent de tracer un cheminement satisfaisant pour eux-mêmes dans le secteur public. Cela laisse également leurs gestionnaires un peu désorientés alors qu'ils s'efforcent de fournir un bon soutien de carrière.

Parmi les cadres qui ont participé à notre recherche, 37 % ont déclaré qu'il y avait « très peu d'occasions » d'accéder à des postes de spécialistes du savoir plutôt qu'à des postes d'encadrement dans leur organisme. Seuls 8 % ont déclaré qu'il y avait « de nombreuses occasions », tandis que 44 % ont déclaré qu'il y avait « quelques occasions ».

Comment aider un membre de votre équipe lorsqu'il n'y a pas d'occasions claires qui correspondent à ses intérêts et à ses compétences?

Faites preuve de créativité : Faites un remue-méninges pour imaginer de nouvelles façons de mettre l'expertise des membres de votre équipe à profit dans leur poste actuel. Peuvent-ils vous aider dans un projet axé sur le savoir? Comment pouvez-vous leur montrer que leurs connaissances spécialisées sont

---

PASSEZ À L'ACTION

La pandémie de COVID-19 a braqué les projecteurs sur la nécessité de faire preuve de résilience au travail et dans sa vie personnelle. Pour les organismes publics, renforcer la résilience des activités et des effectifs est essentiel pour pouvoir continuer à fournir des services sur lesquels on peut compter. Envisagez d'affecter un membre de votre équipe à la recherche de méthodes de renforcement de la résilience dans votre équipe ou votre organisme. Cela pourrait servir de projet axé sur le savoir pour leur propre développement de carrière tout en profitant à l'ensemble de l'équipe ou de l'organisme. Le document infographique suivant peut constituer un bon point de départ : **https://www.bdo.ca/fr-ca/insights/industries/public-sector/building-a-resilient-public-sector-covid-19/**.

précieuses? Les promotions ne sont pas la seule voie vers l'avancement professionnel ou la reconnaissance organisationnelle.

Pensez compétitivité : S'il y a peu d'occasions d'accéder à des postes de spécialistes du savoir dans votre organisme, aidez les membres de votre équipe à améliorer leur avantage concurrentiel. Cela leur permettra de se démarquer lorsque des occasions d'avancement se présenteront enfin et les aidera à exceller et à s'épanouir dans leur rôle actuel. Cela leur montrera également que vous avez à cœur leur réussite professionnelle.

Faites preuve d'ingéniosité : Faites vos recherches afin d'avoir une

PAROLE DE GESTIONNAIRE

Examinons la politique des ressources humaines concernant le secteur public lui-même, en utilisant un exemple tiré de l'histoire de l'administration fédérale. Une étude publiée en 1999 a révélé des signes manifestes de frustration chez les travailleuses et travailleurs du savoir de l'administration fédérale. Le motif de leur frustration? « [I]ls jugent que la culture de leur ministère et celle de la fonction publique ne favorisent pas le perfectionnement professionnel (le milieu est trop hiérarchisé et centré sur le protocole; la charge de travail est écrasante; les employés sont oubliés; on ne favorise pas la formation) et que, bien au contraire, elles gênent l'acquisition de nouvelles connaissances – un facteur qui semble être étroitement lié à l'avancement et à la réussite professionnelle dans l'esprit de bien des employés interrogés[41]. »

Quelle est la culture du développement professionnel dans votre organisme? Le contexte a-t-il changé pour les gestionnaires et le personnel au cours des 20 dernières années? Comment le fait d'accorder plus d'attention aux intérêts et aux compétences du personnel pourrait-il profiter aux politiques publiques? Les rôles que le personnel (responsable de sa carrière), les gestionnaires (facilitateurs de carrière) et les organismes (accompagnateurs de carrière) jouent dans les politiques et activités de développement professionnel ont-ils été reconnus comme un moyen d'améliorer le rendement global et l'exécution du mandat de votre organisme?

compréhension profonde à la fois des occasions d'avancement (potentiellement limitées) et des autres ressources de développement professionnel disponibles pour les membres de votre équipe qui les garderont motivés et épanouis (formation, détachements, réseautage, mentorat, etc.). Assurez-vous de leur communiquer des informations pertinentes, comme les tendances, les objectifs et les problèmes de l'organisation.

Renforcez la résilience : Il est important que les gens aient la capacité de passer par-dessus leurs blocages, leurs frustrations ou leur sentiment d'épuisement, et de s'épanouir malgré les obstacles et les sources de stress. Envisagez d'intégrer des activités de renforcement de la résilience dans votre parcours de gestion de carrière. Consultez cet outil de travail du gouvernement du Canada sur « La résilience au travail - Bâtir une équipe forte et saine » (**https://www.csps-efpc. gc.ca/tools/jobaids/resilience-work-fra.aspx**) pour des stratégies et des conseils sur comment cultiver la résilience au travail et s'adapter au changement. ∎

Entre investissement dans le personnel et exécution du mandat public

Quelqu'un parmi les cadres avec qui nous nous sommes entretenus a fait la remarque suivante : « Le secteur public n'est pas censé investir en lui-même.

Nous sommes là pour servir le public. Aller trop loin dans notre propre développement comporte un certain risque pour le soutien et la confiance du public. »

Gérer la tension apparente entre servir la population et investir dans le personnel peut être difficile pour les gestionnaires ayant pour double mandat d'assurer la réussite opérationnelle et de fournir un accompagnement professionnel à leurs subalternes. On trouve le même problème dans le secteur à but non lucratif, où l'investissement dans le personnel est souvent perçu comme un détournement des fonds et des ressources, au détriment de la mission de l'organisme ou des personnes qu'il sert.

Les cadres qui ont participé à notre recherche comprennent néanmoins que cette tension n'est qu'apparente. Les trois quarts (75 %) d'entre eux croient que l'amélioration des pratiques, ressources et outils du développement professionnel aurait un impact positif sur leur organisme et favoriserait l'exécution de leur mandat.

Comment gérer la tension apparente entre l'exécution d'un mandat public et l'investissement dans le personnel? En plaidant pour la gestion de carrière auprès du personnel et de la direction à la fois :

- Insistez sur le fait que les activités de développement professionnel ne devraient pas être considérées comme distinctes des activités visant les exigences opérationnelles. Présentez le développement professionnel comme une partie intégrante de la « charge de travail normale ».

- Insistez sur le fait que le développement professionnel améliore la productivité et la qualité du travail, ce qui ne fera qu'améliorer la capacité du personnel à servir le public. L'« analyse de rentabilité » du développement professionnel est solide.

- Insistez sur le fait que la question du développement professionnel doit être abordée si votre organisme – comme le secteur public en général – veut être en mesure d'attirer, de motiver et de fidéliser les meilleurs talents qui peuvent répondre aux besoins de la population ainsi qu'aux défis auxquels sont confrontées la population et l'administration publique.

Comment les budgets sont-ils établis pour les activités de développement professionnel dans votre organisme? Selon les personnes qui ont participé à notre recherche, ces budgets sont principalement établis selon un « montant

---

ACTIVITÉS SUPPLÉMENTAIRES POUR LES ORGANISMES COMPTANT DES GESTIONNAIRES DE PERSONNEL

Il est important pour une direction de réaliser une analyse de rentabilité et de définir des indicateurs pour évaluer les programmes relatifs au personnel. De nos jours, les conditions de financement exigent souvent que les programmes donnent des résultats solides et concrets. Vous pourriez demander à votre personnel des finances ou de la comptabilité de vous aider à élaborer un modèle de rendement du capital investi qui indique les bons paramètres à utiliser lors de l'évaluation des décisions d'investissement axées sur les gens. Fiez-vous à leur expertise pour définir quels aspects évaluer, comment s'y prendre et comment recueillir les données nécessaires.

annuel » ou « à la demande »; il arrive qu'ils soient aussi établis « par employé » ou selon un « pourcentage du budget global ». Dans certains cas, il n'y a pas de poste budgétaire réservé au développement professionnel. Si tel est le cas de votre organisme, pourrait-il être utile de demander un tel budget? En plaidant pour de meilleures ressources (financières ou autres) de développement professionnel auprès de votre direction, vous poserez peut-être le geste dont votre organisme a

précisément besoin pour atteindre une série d'objectifs : rendement de l'organisme, engagement du personnel, maintien en emploi, développement du leadership, DEI, résilience, adaptabilité, etc. ∎

LE SAVIEZ-VOUS?

Un rapport du Forum des politiques publiques du Canada propose trois stratégies pour relever les défis du recrutement, de la fidélisation et de la mobilisation dans le secteur public face au changement démographique, à la concurrence croissante pour les talents et aux contraintes budgétaires :

1. Élargir les bassins de talents afin d'attirer des compétences, une expertise et des points de vue diversifiés dans le secteur public.

2. Harmoniser la gestion du rendement avec les buts de l'organisation afin de produire un effet incitatif sur la productivité.

3. Donner la priorité à l'apprentissage et au perfectionnement, alors que les gouvernements doivent s'adapter à l'évolution de la demande.[42]

Il s'agit d'éléments puissants et convaincants en faveur d'une approche axée sur la carrière comme stratégie de renouvellement et d'avancement de la fonction publique canadienne. Ces éléments soulignent également l'importance de valoriser la différence et l'authenticité plutôt que l'homogénéité et la standardisation, même dans une organisation dont les effectifs sont imposants. Tirer parti de la diversité, mettre l'accent sur des moyens novateurs de stimuler la productivité et prioriser l'apprentissage et le développement produiront de meilleurs résultats si tout cela est ancré dans les besoins et les aspirations professionnels de chaque membre du personnel.

Une organisation est aussi forte et prospère que ses membres, et les gestionnaires sont particulièrement bien placés pour (1) défendre les besoins de leur équipe auprès de leur direction et (2) interpréter les politiques et les pratiques établies en haut lieu de manière à accueillir la différence.

Carrière et service public : voyage au cœur de la fonction publique

Tout au long de ce guide, nous avons posé un certain nombre de questions sous la rubrique « Carrière et service public » destinées à susciter une réflexion et une discussion sur la pertinence de la perspective de la gestion de carrière pour la conception, la fourniture et l'évaluation des biens et services publics. Dans cette dernière section, nous présentons des exemples issus des quatre coins du pays où les principes du développement de carrière peuvent être mis en évidence dans le secteur public. Envisagez d'organiser des dîners-causeries où ces exemples – et les « activateurs de discussion » qui les accompagnent – serviraient à amorcer une réflexion et une discussion avec votre équipe.

Créer des opportunités :

la nation Gitxsan

La mission de la Gitxsan Development Corporation (GDC) est de « favoriser un développement économique durable et profitable menant à la création d'emplois et d'occasions de formation, et favorisant ainsi une plus grande résilience économique pour les Gitxsan[43] ». Parmi les activités de la GDC, entité détenue et exploitée par la nation Gitxsan dans le nord-ouest de la Colombie-Britannique, on compte des initiatives jeunesse, de l'accompagnement professionnel et des opérations commerciales à risque dans une foule de secteurs : sécurité, foresterie, transports, systèmes de chauffage, bioénergie, services environnementaux.

Découvrez dans la vidéo suivante comment la GDC favorise une économie saine et centrée sur la communauté, en mettant l'accent sur l'exploration de carrière : **https://gitxsanbusiness.com/index.php/pages/career-discoveries**.

ACTIVATEUR DE DISCUSSION :
Le programme d'exploration de carrière de la GDC n'est pas un « programme d'acquisition de compétences », bien qu'il aide les jeunes à développer certaines compétences. La fierté et la foi en l'avenir sont au cœur du programme. Que vous enseigne ce modèle sur la façon d'approcher le développement de votre propre carrière ?

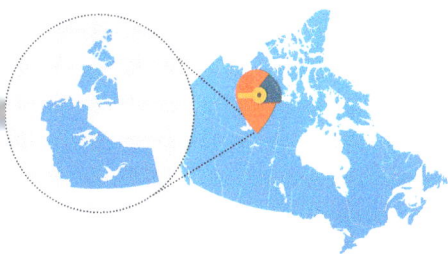

Une conception élargie de l'alphabétisation :

l'apprentissage permanent dans les T. N.-O. Territories

Pour le NWT Literacy Council, l'alphabétisation représente beaucoup plus que le simple fait d'apprendre à lire et à écrire. Pour reprendre les termes employés dans la stratégie d'alphabétisation 2008-2018 des Territoires du Nord-Ouest, elle comprend « le développement continu d'un large ensemble de compétences dans une ou plusieurs des langues officielles des T. N.-O. dans le but d'élargir son potentiel en vue d'une santé optimale, de la réussite personnelle et d'une participation positive au bien-être et au développement de la collectivité[44] ». La collection de manuels

et de cahiers d'exercices « Career-Life-Work » (Carrière-vie-travail) proposée par le NWT Literacy Council couvre le développement de carrière, la communication, les compétences non techniques, la gestion des conflits et du stress, la recherche d'emploi, les stratégies de réussite professionnelle, la planification de carrière et l'établissement d'objectifs.

Jetez un œil à la collection de manuels et de cahiers « Career-Life-Work » du NWT Literacy Council : **https://www.nwtliteracy.ca/resources/youth-and-adult-literacy#35**.

ACTIVATEUR DE DISCUSSION :
Quels principes du développement de carrière sont apparents dans la conception que le NWT Literacy Council se fait de l'alphabétisation et dans sa collection « Career-Life-Work »? Combien de ministères, de fonctions et de services s'entrecroisent dans cet exemple? Pouvez-vous faire des liens similaires avec les questions, domaines ou services sur lesquels votre équipe ou votre organisme travaillent?

Sans emploi fixe :

le travail temporaire en Alberta

La part des emplois temporaires varie selon le secteur. La construction (92 %), les ressources naturelles (83 %) et l'agriculture (60 %) connaissent les proportions les plus élevées au Canada[45].

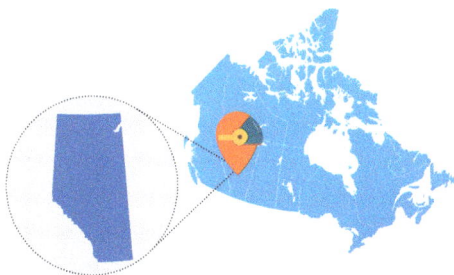

Ces trois secteurs dominent l'économie de l'Alberta, où la combinaison unique de secteurs traditionnels et émergents en fait un lieu propice aux emplois temporaires (saisonniers, occasionnels, à durée déterminée, à contrat, à temps partiel), tandis que la capitale, Calgary, est classée parmi les villes les plus favorables au monde pour le travail autonome, en particulier en période de prospérité économique[46].

L'économie d'aujourd'hui, qui favorise le travail autonome et les petits boulots, recourt de plus en plus à des sous-traitants indépendants à court terme et multiplie les formules de travail « à la demande » dans des domaines comme les services financiers, le droit et la santé. La pandémie de COVID-19 a exacerbé les conditions de précarité propres à l'économie des petits boulots, une situation qui ne pourra changer qu'à la faveur de nouvelles politiques publiques et dispositions législatives[47]. Le développement de carrière met l'accent sur la responsabilisation en matière de carrière et l'exploration autodirigée des carrières, facilitées et soutenues par des partenariats et des services communautaires. L'élaboration de solutions novatrices et efficaces face à l'emploi précaire passe par la combinaison d'approches descendantes (*top-down*) et ascendantes (*ground-up*) qui placent les aspirations professionnelles et la capacité d'agir des gens au centre de la réflexion.

ACTIVATEUR DE DISCUSSION :
Combien de personnes dans votre équipe ont déjà travaillé de façon indépendante (et pendant combien de temps)? Quels étaient leurs facteurs de satisfaction? Quels ont été leurs défis et leurs réussites? Quelle est la différence entre le travail autonome et l'emploi précaire? Quelles régions et quels secteurs de politiques sont incontournables pour la création de carrières indépendantes durables?

Tirer parti de la DEI :
la pénurie de main-d'œuvre à Kingston

Comme dans la plupart des villes canadiennes, les effets du changement démographique et de la pénurie de main-d'œuvre se font de plus en plus sentir à Kingston, en Ontario. On prévoit que d'ici 2036, le manque d'effectifs pour les employeurs de la ville s'élèvera à 9 000 personnes[48]. Pour lutter contre ce phénomène, un partenariat entre la Ville et le Centre d'emploi KEYS (avec le soutien du ministère du Patrimoine canadien) a mené à la création de la *Charte de*

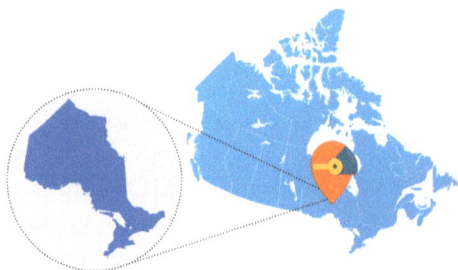

ACTIVATEUR DE DISCUSSION :
Kingston et le Centre d'emploi KEYS ont créé un moyen pour les entreprises locales de s'engager en faveur de la diversité comme solution à la pénurie de main-d'œuvre. Ce genre de pénurie est souvent le résultat d'un changement dans le type de compétences requis ou du vieillissement de la population active. Selon vous, en quoi l'insistance sur la diversité des candidats peut-elle aider à répondre aux défis stratégiques relatifs à la main-d'œuvre dans votre milieu de travail?

l'inclusion en milieu de travail. Cette charte a pour but de promouvoir des pratiques d'emploi et des stratégies qui permettent d'améliorer la DEI au travail. Elle repose sur l'idée que l'amélioration de la DEI au travail aidera (1) les individus à réaliser leur plein potentiel, (2) les employeurs à profiter des compétences, perspectives et expériences variées d'une main-d'œuvre diversifiée, et (3) Kingston à tirer parti des bassins de main-d'œuvre locaux pour améliorer sa compétitivité à l'échelle mondiale.

Pour en savoir plus sur la *Charte de l'inclusion en milieu de travail* : **https://www.toutestpossibleici.org/pour-les-employeurs/charte/**.

Pollinisation croisée et développement de carrière :

la santé des anciens combattants

Les enjeux de santé publique sont devenus la pierre angulaire de nombreux types de politiques. Le modèle utilisé par Anciens Combattants Canada pour définir le bien-être des vétérans, par exemple, s'inspire des déterminants sociaux de la santé établis par Santé Canada, et il est à la base de ses services, politiques et programmes de soutien la transition[49]. Tout comme les déterminants de la santé ont été utiles dans des secteurs de politiques adjacents, les principes directeurs du développement de carrière peuvent

servir à établir la façon dont les priorités, les programmes et les politiques complexes pourraient être pris en compte – en mettant l'accent sur l'engagement continu, l'apprentissage permanent, la résilience et la concordance des intérêts, croyances et valeurs avec les besoins du marché.

ACTIVATEUR DE DISCUSSION :
Comment les huit principes de développement de carrière (voir pages 24-25) se rapportent-ils aux services fournis à la population par votre organisme? Le lien est-il facile à faire ou semble-t-il ténu? (Pour en savoir plus, voir l'encadré « Carrière et service public » de la page 14.)

Miser sur la capacité d'agir :

l'Allocation canadienne pour la formation

Introduite dans le budget fédéral de 2019, l'Allocation canadienne pour la formation fournit un exemple d'intégration de la perspective de la gestion de carrière dans les politiques publiques[50]. Il s'agit d'un bouquet de mesures dont l'objectif est d'aider les 25 à 64 ans à s'engager dans l'apprentissage continu et le recyclage professionnel. Ce qui, en retour, devrait (1) fournir aux employeurs des effectifs aux compétences en constante amélioration qui ont confiance en leur capacité de réussir et (2) relancer l'économie canadienne en lui permettant de mieux s'adapter à l'évolution du monde du travail.

L'Allocation n'oblige pas les bénéficiaires à suivre une formation précise ni à entrer dans un domaine ou un secteur particulier. Elle mise plutôt sur la capacité des bénéficiaires à faire leurs propres choix et à saisir les occasions qui les intéressent. Cependant, il est important de noter que les personnes ayant dépassé l'âge traditionnel de la retraite (65 ans) constituent un segment de plus en plus dynamique de la population active et devraient être prises en considération dans la réflexion et la planification en matière de carrière.

Pour en savoir plus sur l'Allocation canadienne pour la formation : **https://www.budget.gc.ca/2019/docs/themes/good-jobs-de-bons-emplois-fr.html**.

ACTIVATEUR DE DISCUSSION : Comment cette allocation (en tenant compte de ses forces et de ses faiblesses) pourrait-elle être utilisée comme modèle pour offrir ou chercher des occasions de formation pour votre équipe? (Pour en savoir plus, voir l'encadré « Carrière et service public » de la page 34.)

Création innovante d'emplois :

coopération entre secteurs public et privé au Québec

Sortant du cadre traditionnel de la politique de création d'emplois, le Programme d'aide à l'entrepreneuriat du Québec offre du soutien et du mentorat aux pépinières d'entreprises et aux jeunes pousses dans le but d'encourager la prise de risque et l'innovation[51]. Le Programme vise également à stimuler le développement de nouvelles

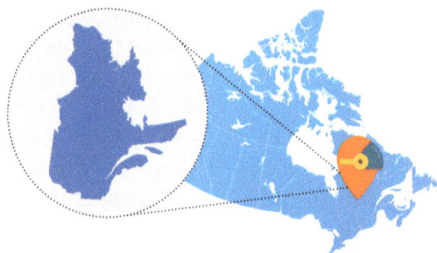

technologies et leur commercialisation, et à favoriser la création d'emplois hautement spécialisés. Ce programme est un exemple des liens qui peuvent être faits entre le développement de carrière et la coopération public-privé, comme l'intégration d'un état d'esprit axé sur la réussite professionnelle, la création d'emplois et l'innovation tournée vers l'avenir.

Le présent guide a montré les rôles interdépendants et complémentaires que jouent le personnel (responsable de sa carrière), les gestionnaires (facilitateurs de carrière) et les organismes (accompagnateurs de carrière) dans la promotion de la perspective de la gestion de carrière. Ces rôles peuvent

ACTIVATEUR DE DISCUSSION :
Y aurait-il des occasions d'appliquer la perspective de la gestion de carrière aux partenariats (internes ou externes) dans lesquels votre équipe ou votre organisme s'engagent dans le cadre de l'exécution de leur mandat? (Pour en savoir plus, voir l'encadré « Carrière et service public » de la page 34.)

s'appliquer dans le contexte d'initiatives gouvernementales comme le Programme d'aide à l'entrepreneuriat et d'autres formes de coopération entre secteurs public et privé.

Conception universelle de l'apprentissage :
l'approche du Nouveau-Brunswick

Repensez à votre propre parcours professionnel, à ce qui fait que vous êtes où vous êtes et à ce qui vous motive pour l'avenir. Qu'est-ce qui a déterminé votre trajectoire? Auriez-vous bénéficié d'une culture dans laquelle demander *quelles sont les autres possibilités* était encouragé?

L'approche de la conception universelle de l'apprentissage adoptée par le Nouveau-Brunswick aide les enseignants à améliorer l'engagement, la représentation, l'action et l'expression de leurs élèves[52]. Cette approche met l'accent sur l'intégration de la capacité d'agir, de l'autonomie et

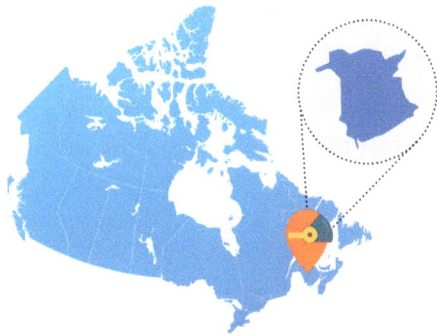

ACTIVATEUR DE DISCUSSION :
Comment la conception universelle de l'apprentissage pourrait-elle s'appliquer à votre milieu de travail ou à votre équipe? Comment le personnel pourrait-il être amené à se prendre en charge tout en veillant à ce que les exigences opérationnelles soient satisfaites? (Pour en savoir plus, voir l'encadré « Carrière et service public » de la page 44.)

de la créativité dans les programmes d'éducation, ainsi que sur l'inclusivité et la plasticité de l'apprentissage à l'égard des aptitudes, des intérêts et de l'héritage culturel des élèves. Nous n'apprenons pas tous de la même façon, et multiplier les options permet de trouver ce qui fonctionne le mieux pour chaque personne.

Pour en savoir plus sur la conception universelle de l'apprentissage : ☑ **http://www.cast.org.**

Retour en arrière :

le moratoire de 1992 sur la pêche à la morue à Terre-Neuve-et-Labrador

Il y a près de 30 ans, la surpêche dans les Grands Bancs de Terre-Neuve a forcé le gouvernement canadien à décréter un moratoire sur la pêche à la morue. Ce moratoire a eu pour effet de mettre fin à l'une des principales activités économiques de Terre-Neuve-et-Labrador, bouleversant la vie de nombreuses collectivités et entraînant la perte d'au moins 30 000 emplois (alors que le taux de chômage était déjà élevé).

En 1994, le gouvernement fédéral a lancé la Stratégie du poisson de fond de l'Atlantique, un programme de 1,9 milliard de dollars visant à offrir un soutien du revenu, à favoriser l'ajustement du marché du travail et à fournir de la formation aux personnes touchées par le moratoire. Bien que le programme fournissait des services d'orientation professionnelle, il n'a pas été conçu selon une perspective globale de gestion de carrière.

Pour en savoir plus sur le moratoire et ses effets sur le développement de carrière, lisez « Why We Need a Careers Lens in Public Policy »

(Pourquoi les politiques publiques doivent adopter une perspective de gestion de carrière) : ☑ **https://challengefactory.ca/2020/11/06/why-we-need-a-careers-lens-in-public-policy/.**

ACTIVATEUR DE DISCUSSION : Quels aspects pourraient avoir été négligés par la Stratégie du poisson de fond de l'Atlantique, étant donné l'absence d'une perspective globale axée sur la gestion de carrière? Selon vous, comment le programme a-t-il été reçu et vécu par les personnes et les collectivités touchées par le moratoire sur la pêche à la morue?

Section 6 : Ressources supplémentaires

Ressources sur la gestion de carrière pour les gestionnaires du secteur public

Plusieurs des ressources suivantes ont été citées dans ce guide. Pour plus de commodité, nous les avons classées par sujet, selon les différentes phases du cycle de vie des employés.

Entrevue et embauche

Articles sur le recrutement et la gestion du personnel : https://www.bdc.ca/fr/articles-outils/employes/pages/default.aspx

Rapport sur les défis rencontrés par le secteur public en matière de recrutement, de fidélisation et de mobilisation dans un monde du travail en mutation : https://ppforum.ca/wp-content/uploads/2018/03/Opt_jan28_FR.pdf

Rapport sur l'idée que les jeunes se font d'une carrière dans la fonction publique au Canada et sur ce qu'on peut en retenir pour le recrutement et la fidélisation : https://ppforum.ca/wp-content/uploads/2018/02/Ba%CC%82tir-un-avenir-dynamique-la-prochaine-ge%CC%81ne%CC%81ration-de-talents-de-la-fonction-publique.pdf

Liste de 31 compétences classiques pour rédiger des descriptions de poste, mener des discussions sur la carrière et établir des plans de développement (en anglais) : http://www.workforce.com/2002/09/03/31-core-competencies-explained/

Entretien au sujet du « recrutement 3.0 » : https://ordrecrha.org/ressources/dotation/2018/02/du-recrutement-3,-d-,0-plus-audacieux

Ressources pour l'embauche de personnes ayant des handicaps : https://www.canada.ca/fr/emploi-developpement-social/campagne/embauche-personne-handicap.html

Livre *Différents et compétents – Recruter et intégrer les personnes à besoins atypiques* : https://www.septembre.com/livres/differents-competents-1734.html

Guide de référence pour travailler avec des Inuits : https://ceric.ca/fr/resource/guide-de-reference-pour-les-conseillers-en-developpement-de-carriere-intervenant-aupres-de-la-clientele-inuit/

Guide canadien pour le recrutement et la fidélisation des vétérans, proposant des ressources supplémentaires et déboulonnant quelques mythes (en anglais) :

https://challengefactory.ca/publications/the-canadian-guide-to-hiring-veterans/

Trousse pour l'embauche des vétérans, créée par le Guichet-Emplois du gouvernement du Canada : https://www.guichetemplois.gc.ca/embauche/veterans

Ressources pour le recrutement d'Autochtones dans l'administration : https://www.canada.ca/fr/commission-fonction-publique/emplois/services/emplois-gc/recrutement-autochtones-information-gestionnaires-embauche.html

Rapport du gouvernement fédéral sur le recrutement, la fidélisation et la promotion des Autochtones : https://www.canada.ca/fr/gouvernement/fonctionpublique/mieux-etre-inclusion-diversite-fonction-publique/diversite-equite-matiere-emploi/cercle-savoir-unis-diversite.html

Plus de 50 sources publiées liées au recrutement et à la rétention des travailleurs autochtones : http://axtra.ca/wp-content/uploads/2019/01/NIKA_Revue-de-litterature_2019.pdf

Culture de l'organisme

Liste de pratiques adoptées par des organisations de toutes tailles pour répondre aux besoins des aidants naturels au sein de leur personnel : http://publications.gc.ca/collections/collection_2015/edsc-esdc/Em12-8-2015-fra.pdf

Les femmes et le milieu de travail : comment les employeurs peuvent faire progresser l'égalité et la diversité, rapport du Symposium sur les femmes et le milieu de travail tenu en 2019 : https://www.canada.ca/fr/emploi-developpement-social/ministere/rapports/symposium-femmes.html

Ouvrage donnant des conseils sur le bien-être au travail et les attitudes gagnantes pour motiver et encourager son équipe : http://www.septembre.com/livres/travail-roule-1607.html

Article sur la part de responsabilité de l'employeur dans l'émergence ou le maintien de la motivation chez les employés : http://www.jobboom.com/carriere/a-t-on-vraiment-le-pouvoir-de-motiver-nos-employes/

Stratégies pour contribuer à l'avancement professionnel de vos employés : https://www.roberthalf.ca/fr/blog/conseils-de-gestion/sept-strategies-pour-contribuer-a-lavancement-professionnel-de-vos-employes

Idées qui vous aideront à motiver votre personnel et à augmenter la productivité de l'organisation : https://amelio.co/fr/comment-motiver-les-employes/

Outil de travail du gouvernement du Canada sur la résilience au travail : ☑
https://www.csps-efpc.gc.ca/tools/jobaids/resilience-work-fra.aspx

Rapport proposant des tactiques pour mobiliser le personnel dans un contexte de changement démographique (en anglais) : ☑
https://www2.deloitte.com/us/en/pages/consumer-business/articles/understanding-generation-z-in-the-workplace.html

Guides sur la relation entre les questions de carrière et les demandes de congé autorisé (en anglais) :

☑**https://ceric.ca/fr/resource/un-pas-vers-la-reussite-comment-gerer-efficacement-la-transition-de-carriere-apres-un-conge-de-maternite-guide-lintention-des-employeurs/**

☑**https://ceric.ca/fr/resource/un-pas-vers-la-reussite-comment-gerer-efficacement-la-transition-de-carriere-apres-un-conge-de-maternite-guide-a-lintention-des-employees/**

Document infographique sur le renforcement de la résilience au travail :
☑**https://www.bdo.ca/fr-ca/insights/industries/public-sector/building-a-resilient-public-sector-covid-19/**

Conférence virtuelle de la Communauté nationale des gestionnaires sur la meilleure façon d'exprimer sa gratitude aux membres du personnel (en anglais) : ☑**https://www.youtube.com/watch?v=JMknJxGcAxQ**

Balado abordant des conseils pour avoir une vie professionnelle stimulante :
☑**https://ici.radio-canada.ca/premiere/balados/7901/travailler-mieux**

Conférences TED remettant en cause nos idées reçues et offrant des conseils pratiques :

Jean-Philippe Poupard, « Tous facilitateurs du travail de demain » : ☑
https://www.tedxrennes.com/project/jean-philippe-poupard-tedxrennes2014/

Simon Gagnon-Adam, « Comment cultiver un climat de travail positif? » :
☑**https://www.ted.com/talks/simon_gagnon_adam_comment_cultiver_un_climat_de_travail_positif**

Jade Schwab-Garuz, « Comment mieux travailler en équipe? » : ☑**https://www.ted.com/talks/jade_schwab_garuz_comment_mieux_travailler_en_equipe**

Anaïs Georgelin, « Comment naviguer dans un monde du travail incertain » :
☑**https://www.ted.com/talks/anais_georgelin_comment_naviguer_dans_un_monde_du_travail_incertain**

Frédéric de Belloy, « Manager en confiance » : ☑**https://tedxissylesmoulineaux.com/portfolio/frederic-belloy**

Discussions sur la carrière

Si vous travaillez au fédéral, communiquez avec la Communauté de pratique sur la carrière afin d'obtenir son guide de discussion sur la carrière destiné aux gestionnaires

Points à aborder dans les discussions de carrière afin de fidéliser les talents : **https://www.manpowergroup.fr/discussion-de-carriere-6-points-a-aborder-pour-retenir-les-talents/**

Guides de discussions de carrière : **http://www.webcarriere.com/guides.asp**

« Comment des discussions de carrière régulières favorisent la réussite de l'entreprise » , document publié par la société Right Management : **https://www.cleper.fr/medias/2017/07/Comment-des-discussions-de-carrie%CC%80ore-re%CC%81gulie%CC%80ores-favorisent-la-re%CC%81ussite-de-lentreprise.pdf**

Collection de manuels et de cahiers d'exercices « Career-Life-Work »

(Carrière-vie-travail) du NWT Literacy Council : **https://www.nwtliteracy.ca/resources/youth-and-adult-literacy#35**

Article sur les cinq étapes à suivre pour mener des discussions sur la carrière : **https://www.jobboom.com/carriere/maitrisez-5-elements-dune-rencontre-individuelle-pair/**

Guide pratique de la discussion sur la carrière en milieu de travail (en anglais) : **https://s3-eu-west-1.amazonaws.com/ao-downloads/AO_E-Book2_online.pdf**

Guide de référence pour travailler avec des Inuits : **https://ceric.ca/fr/resource/guide-de-reference-pour-les-conseillers-en-developpement-de-carriere-intervenant-aupres-de-la-clientele-inuit/**

Glossaire du développement de carrière publié par le CERIC, pour employer les termes propres au secteur dans les discussions sur la carrière (en anglais) : **https://ceric.ca/glossary-of-career-development/**

Fidélisation du personnel talentueux

Rapport sur le recrutement et la fidélisation des fonctionnaires au Canada : **https://s3.ca-central-1.amazonaws.com/ipacreports/np-survey-fra.pdf**

Rapport sur l'idée que les jeunes se font d'une carrière dans la fonction

publique au Canada et sur ce qu'on peut en retenir pour le recrutement et la fidélisation : **https://ppforum.ca/wp-content/uploads/2018/02/Ba%CC%82tir-un-avenir-dynamique-la-prochaine-ge%CC%81ne%CC%81ration-de-talents-de-la-fonction-publique.pdf**

Rapport sur la mobilisation dans la fonction publique fédérale, débordant de leçons et de stratégies applicables à l'ensemble du secteur public : https://apex.gc.ca/wp-content/uploads/2017/10/engagement-fr.pdf

Articles et ressources pour attirer, fidéliser et perfectionner les employés : http://www.emploiquebec.gouv.qc.ca/entreprises/gerer-vos-ressources-humaines/outils-et-idees-en-gestion-des-ressources-humaines/

Stratégies pour réduire le roulement : https://sparkbay.com/fr/culture-blog/strategies-retention-employes-2

Article qui explique comment s'adapter aux milléniaux : https://www.jobboom.com/carriere/retention-des-employes-milleniaux/

Rapport sur des pratiques d'attraction, de mobilisation et de rétention de la main-d'œuvre : https://www.emploiquebec.gouv.qc.ca/uploads/tx_fceqpubform/04_Recueil__pratiques_GRH_2014.pdf

Rapport sur les défis de l'attraction et de la rétention des jeunes dans la fonction publique québécoise : https://www.tresor.gouv.qc.ca/fileadmin/PDF/publications/DefisAttractionRetention.pdf

Étude des raisons pour lesquelles les gens changent d'emploi (en anglais) : https://business.linkedin.com/content/dam/business/talent-solutions/global/en_us/job-switchers/PDF/job-switchers-global-report-english.pdf

Rapport proposant des tactiques pour mobiliser le personnel dans un contexte de changement démographique (en anglais) : https://www2.deloitte.com/us/en/pages/consumer-business/articles/understanding-generation-z-in-the-workplace.html

Rapport sur les défis rencontrés par le secteur public en matière de recrute-ment, de fidélisation et de mobilisation dans un monde du travail en mutation : https://ppforum.ca/wp-content/uploads/2018/03/Opt_jan28_FR.pdf

Rapport du gouvernement fédéral sur le recrutement, la fidélisation et la promotion des Autochtones : https://www.canada.ca/fr/gouvernement/fonctionpublique/mieux-etre-inclusion-diversite-fonction-publique/diversite-equite-matiere-emploi/cercle-savoir/unis-diversite.html

Formations en gestion de carrière

Ensemble d'outils proposés par le CERIC pour comprendre les principes directeurs du développement de carrière : https://ceric.ca/fr/principes-directeurs-du-developpement-de-carriere/

Plateforme d'apprentissage en ligne de l'organisme Challenge Factory, comprenant des cours (en groupe et individuels) sur la gestion de carrière (en anglais) : **https://www.centreforcareerinnovation.ca**

Centre de formation de la Fondation canadienne pour le développement de carrière : **https://voco.myabsorb.ca**

Guide du CERIC pour améliorer la santé mentale par un développement de carrière efficace (en anglais) : **https://ceric.ca/fr/publications/renforcer-la-sante-mentale-grace-a-un-developpement-de-carriere-efficace-guide-du-praticien-en-anglais-seulement/**

Ressources utiles pour aborder la planification et l'exploration de carrière, dont un modèle de plan de carrière (en anglais) : **https://hr.ucmerced.edu/training/careermanagement**

Document infographique sur le r enforcement de la résilience au travail : **https://www.bdo.ca/fr-ca/insights/industries/public-sector/building-a-resilient-public-sector-covid-19/**

Étude sur le développement de carrière des spécialistes du savoir dans la fonction publique fédérale : **http://www.optimumonline.ca/pdf/29-4/career_development_fr.pdf**

Exemple de formulaire d'évaluation sous forme de questionnaire : **http://www.solutionsrh.net/grh/doc/outil_10.pdf**

Explication du rôle de la gestion de carrière dans le domaine des RH : **http://www.technocompetences.qc.ca/gestion-rh/politiques-rh/pratiques-de-gestion-des-rh/gestion-de-carri%C3%A8re**

Astuces pour créer une progression de carrière stimulante : **https://amelio.co/fr/creer-progression-carriere-gagnante/**

Article sur comment créer un plan de carrière : **https://www.jobillico.com/blog/plan-carriere/**

Bonnes sources d'articles sur la carrière :

Agence du revenu du Canada, « Embauche d'étudiants et de diplômés » : **https://www.canada.ca/fr/agence-revenu/organisation/carrieres-a-arc/chercher-types-emplois/embauche-etudiants-diplomes.html**

Page « Carrières » de la Société canadienne d'hypothèques et de logement : **https://careers.cmhc-schl.gc.ca**

Institut d'administration publique du Canada : **https://www.ipac.ca**

Ressources de l'administration fédérale sur l'embauche d'Autochtones : **https://www.canada.ca/fr/commission-fonction-publique/emplois/services/emplois-gc/recrutement-autochtones-information-gestionnaires-embauche.html**

IndigenousWorks (en anglais) : **https://indigenousworks.ca/en/resources/indigenous-organizations**

Guichet-Emplois du gouvernement du Canada : https://www.guichetemplois.gc.ca/accueil

Carrières dans la fonction publique de l'Ontario : https://www.gojobs.gov.on.ca

Page « Emploi » du gouvernement du Québec : https://www.quebec.ca/emploi/

Développement des dirigeants

Stratégies pour développer de solides compétences en leadership : https://www.bdc.ca/fr/articles-outils/competences-entrepreneur/etre-leader-efficace/competences-leadership-7-strategies

Article qui explique comment être un bon gestionnaire aujourd'hui : https://hcmagazines.com/cest-quoi-le-management-en-2020-comment-etre-un-bon-manager-en-2020/

Liste de 31 compétences classiques pour rédiger des descriptions de poste, mener des discussions sur la carrière et établir des plans de développement (en anglais) : http://www.workforce.com/2002/09/03/31-core-competencies-explained/

Livre *La boîte à outils du leadership – 59 outils pour développer ses* *compétences en leadership* : https://www.amazon.ca/bo%C3%AEte-outils-Leadership-m%C3%A9th-odes-Frenchebook/dp/B08XZNYB3L/ref=sr_1_21?dchild=1

Plusieurs articles sur la gestion du développement des compétences et de la relève du CRHA : https://ordrecrha.org/ressources/developpement-competences-releve

Article sur le développement du potentiel du site Web des carrières de la fonction publique en Ontario : https://www.gojobs.gov.on.ca/Pages/Potential.aspx?Language=French

Outils de travail du gouvernement canadien pour les gestionnaires de la fonction publique : https://www.csps-efpc.gc.ca/tools/jobaids-fra.aspx

Avancement au sein de l'organisme

Outil gratuit pour l'évaluation des valeurs, des motivations, des intérêts et de la personnalité : https://ged.univ-lille3.fr/nuxeo/nxfile/default/2fb7995d-a516-4e81-a6fa-57a62243cbf1/

blobholder:o/Projet-professionnel.pdf

Balado sur la progression de carrière : https://leschercheursdesens.com/les-ambitieux/

Échanges Canada, un programme qui « facilite les affectations temporaires d'individus au sein ou à l'extérieur de l'administration publique centrale » : ☑ **https://www.canada.ca/fr/secretariat-conseil-tresor/services/perfectionnement-professionnel/echanges-canada.html**

Ressources et outils en ligne axés sur le développement de carrière : ☑ **http://www.monemploi.com**

Article qui explique ce qu'est la mobilité interne : ☑ **https://www.digitalrecruiters.com/blog/quest-ce-que-la-mobilite-intern**

Conseils sur les bonnes pratiques de mobilité interne : ☑ **https://www.talentprogram.fr/mobilite-interne/**

Exploration de carrière

Encyclopédie en ligne offrant une définition des principaux termes du marché du travail : ☑ **https://lmic-cimt.ca/fr/projets/les-mots-du-boulot/**

Service australien d'éducation au choix de carrière qui vise à sensibiliser les jeunes, stimuler leurs aspirations et développer leur capacité d'agir à long terme (en anglais) : ☑ **https://www.become.education**

L'organisme américain qui a créé la conception universelle de l'apprentissage (en anglais) : ☑ **http://www.cast.org**

Travaux de la conceptrice de contenus d'apprentissage Rumeet Billan, autrice de *Qui aimerais-je devenir?* (voir notamment la conférence TED donnée en Nouvelle-Écosse, en anglais) : ☑ **http://www.rumeetbillan.com/stats**

Approche développée par la Gitxsan Development Corporation pour favoriser une économie locale saine grâce à l'exploration de carrière (en anglais) : ☑ **https://gitxsanbusiness.com/index.php/pages/career-discoveries**

Boîte à outils de l'AQISEP qui contient plusieurs ressources et articles pour l'exploration de carrière et la recherche d'emplois : ☑ **https://www.aqisep.qc.ca/aqisep-boite-a-outils.html**

Liste d'outils d'exploration de carrière de l'Université d'Ottawa : ☑ **https://telfer.uottawa.ca/fr/careercentre/ressources/outils-d-exploration-de-carriere/**

Diversité, équité et inclusion (DEI)

Guide d'initiation à la lutte contre le racisme et la discrimination à l'intention des municipalités, produit par la Commission ontarienne des droits de la personne : **http://www.ohrc.on.ca/fr/guide-dinitiation-%C3%A0-la-lutte-contre-le-racisme-et-la-discrimination-%C3%A0-lintention-des-municipalit%C3%A9s**

Rapport du gouvernement fédéral sur le recrutement, la fidélisation et la promotion des Autochtones : **https://www.canada.ca/fr/gouvernement/fonctionpublique/mieux-etre-inclusion-diversite-fonction-publique/diversite-equite-matiere-emploi/cercle-savoir/unis-diversite.html**

Analyse de rentabilité approfondie de la diversité au travail effectuée par le Forum économique mondial, comprenant des liens vers d'autres lectures pertinentes (en anglais) : **https://www.weforum.org/agenda/2019/04/business-case-for-diversity-in-the-workplace/**

Plus de 50 sources publiées liées au recrutement et à la rétention des travailleurs autochtones : **http://axtra.ca/wp-content/uploads/2019/01/NIKA_Revue-de-litterature_2019.pdf**

Articles traitant du monde du travail selon la perspective de différents groupes de la population active : **https://orientaction.ceric.ca/category/diversite/#.YGHuAq9Kg2w**

Stratégie sur l'accessibilité au sein de la fonction publique du Canada : **https://www.canada.ca/fr/gouvernement/fonctionpublique/mieux-etre-inclusion-diversite-fonction-publique/diversite-equite-matiere-emploi/accessibilite-fonction-publique/strategie-accessibilite-fonction-publique-tdm.html**

Guide pour le recrutement et l'emploi des personnes handicapées : **https://ceric.ca/fr/resource/une-difference-de-potentiel-recruter-embaucher-et-employer-des-personnes-handicapees/**

Guide de référence pour travailler avec des Inuits : **https://ceric.ca/fr/resource/guide-de-reference-pour-les-conseillers-en-developpement-de-carriere-intervenant-aupres-de-la-clientele-inuit/**

Charte de l'inclusion en milieu de travail de la Ville de Kingston, élaborée dans le but de contrer la pénurie de main-d'œuvre en tirant parti de la diversité : **https://www.toutestpossibleici.org/pour-les-employeurs/charte/**

Article sur la façon d'être un bon allié au travail : **https://www.cpacanada.ca/fr/nouvelles/travail/2020-10-22-alliance-inclusive-milieu-de-travail**

Rapport « Interrompre le sexisme au travail », qui explore qui incite les hommes à intervenir directement ou à ne rien faire : **https://www.catalyst.org/fr/reports/interrompre-sexisme-travail-hommes/**

Article sur comment aborder les enjeux sociaux liés au genre et à l'origine ethnique au travail : ⧉**https://emplois.ca.indeed.com/conseils-carriere/developpement-carriere/conversations-difficiles-au-travail**

Plusieurs articles sur l'âgisme, dont cet article sur l'âgisme et le travail :, ⧉**https://www.who.int/ageing/features/workplace-ageism/fr/**

Diversité et équité en matière d'emploi, les langues officielles ainsi que les autres valeurs de la fonction publique : ⧉**https://www.canada.ca/fr/gouvernement/fonctionpublique/valeurs.html**

Article sur la création d'un espace sûr pour des discussions ouvertes et franches au travail :

⧉**https://www.anact.fr/outils/le-kit-gratuit-mettre-en-place-des-espaces-de-discussion**

⧉**https://www.iofc.ch/fr/stories/10-conseils-pour-creer-un-espace-sur**

Secteur public et avenir du travail

Rapport du programme Canada au-delà de 150, qui vise à « soutenir le développement de nouveaux fonctionnaires et à favoriser un changement de culture au sein de la fonction publique » : ⧉**http://canadabeyond150.ca/assets/reports/Future%20of%20Work%20-%20FR.pdf**

Rapport sur l'évolution de la gestion des talents dans le secteur public (en anglais) : ⧉**https://www2.deloitte.com/us/en/insights/industry/public-sector/future-of-work-in-government.html**

Courte vidéo documentaire présentant des intervenants canadiens en développement de carrière qui discutent de l'avenir du travail (en anglais) : ⧉**https://challengefactory.ca/services/research/future-of-work/**

Étude de Statistique Canada sur les personnes âgées au travail : ⧉ **https://www12.statcan.gc.ca/census-recensement/2016/as-sa/98-200-x/2016027/98-200-x2016027-fra.cfm**

Encyclopédie en ligne offrant une définition des principaux termes du marché du travail : ⧉**https://lmic-cimt.ca/fr/projets/les-mots-du-boulot/**

Rapport sur l'idée que les jeunes se font d'une carrière dans la fonction publique au Canada : ⧉**https://ppforum.ca/wp-content/uploads/2018/02/Ba%CC%82tir-un-avenir-dynamique-la-prochaine-ge%CC%81ne%CC%81ration-de-talents-de-la-fonction-publique.pdf**

Rapport sur les défis rencontrés par le secteur public en matière de recrutement, de fidélisation et

de mobilisation dans un monde du travail en mutation : ↗
https://ppforum.ca/wp-content/uploads/2018/03/Opt_jan28_FR.pdf

Allocation canadienne pour la formation, introduite dans le budget fédéral de 2019 : ↗https://www.budget.gc.ca/2019/docs/themes/good-jobs-de-bons-emplois-fr.html

Charte de l'inclusion en milieu de travail de la Ville de Kingston, élaborée dans le but de contrer la pénurie de main-d'œuvre en tirant parti de la diversité : ↗https://www.toutestpossibleici.org/pour-les-employeurs/charte/

Compte rendu sommaire du colloque de l'Organisation internationale du Travail (OIT), intitulé « L'avenir du travail que nous voulons: un dialogue global » : ↗https://www.ilo.org/wcmsp5/groups/public/---dgreports/---cabinet/documents/publication/wcms_570287.pdf

Ressources sur le phénomène du travail précaire au Canada :

Article sur le travail précaire au Canada : ↗https://notesdelacolline.ca/2020/12/01/le-travail-precaire-au-canada/

Rapport sur le travail précaire au Canada et sur les personnes réellement à risque : ↗https://www.cpacanada.ca/-/media/site/operational/sc-strategic-communications/docs/g10475-sc-travail-precaire-canada-personnes-a-risque.pdf?la=fr

État du travail précaire dans l'administration fédérale (en anglais) : ↗https://policyoptions.irpp.org/fr/magazines/december-2019/federal-union-members-reject-new-organization-for-gig-workers/

État du travail précaire dans l'administration ontarienne (en anglais) : ↗https://www.thestar.com/news/gta/2015/12/12/public-sector-workers-feel-sting-of-precarious-jobs-data-shows.html

État du travail précaire chez les femmes : ↗https://www.criaw-icref.ca/fr/publications/les-femmes-et-la-precarite-dans-le-secteur-public-causes-conditions-et-consequences/

État du travail précaire chez les professionnelles et les professionnels (en anglais) : ↗https://www.policyalternatives.ca/newsroom/news-releases/more-1-5-canadian-professionals-precarious-jobs-report

Rapport fédéral sur le travail précaire au Canada et les moyens d'atténuer la précarité : ↗https://www.ourcommons.ca/Content/Committee/421/HUMA/Reports/RP10553151/humarp19/humarp19-f.pdf

Notes et références

Le présent guide s'appuie sur les ouvrages suivants :

1. Aux fins du présent ouvrage, le terme « secteur public » englobe les ministères, les sociétés d'État et les établissements financés par l'État (écoles, bibliothèques, prisons, hôpitaux).

2. Owen Taylor, « Services gouvernementaux et services publics », PwC Canada, 2018. En ligne : https://www.pwc.com/ca/fr/industries/government-and-public-services.html.

3. Dave E. Redekopp et Michael Huston, *Strengthening Mental Health Through Effective Career Development: A Practitioner's Guide*, CERIC, 2020, p. 2.

4. Sauf indication contraire, les citations des encadrés « Parole de gestionnaire » proviennent d'entrevues menées par Challenge Factory en juillet et août 2020.

5. Vijay Eswaran, « The Business Case for Diversity in the Workplace is Now Overwhelming », Forum économique mondial, 2019. En ligne : https://www.weforum.org/agenda/2019/04/business-case-for-diversity-in-the-workplace/.

6. University of California Merced, « Career Management », 2020. En ligne : https://hr.ucmerced.edu/training/careermanagement.

7. Gouvernement du Canada, « Déterminants sociaux de la santé et inégalités en santé », 2020. En ligne : https://www.canada.ca/fr/sante-publique/services/promotion-sante/sante-population/est-determine-sante.html.

8. En ligne : https://www.csps-efpc.gc.ca/tools/blogs/insights/leading_learning-fra.aspx.

9. Gouvernement du Canada, *Unis dans la diversité : une voie vers la réconciliation*, 2017. En ligne : https://www.canada.ca/fr/gouvernement/fonctionpublique/mieux-etre-inclusion-diversite-fonction-publique/diversite-equite-matiere-emploi/cercle-savoir/unis-diversite.html.

10. Valerie Bolden-Barrett, « Study: Turnover Costs Employers $15,000 Per Worker », *HR Dive*, 2017. En ligne : https://www.hrdive.com/news/study-turnover-costs-employers-15000-per-worker/449142/.

11. Statistique Canada, « Recensement en bref : Les personnes âgées au travail au Canada », 2017. En ligne : https://www12.statcan.gc.ca/census-recensement/2016/as-sa/98-200-x/2016027/98-200-x2016027-fra.cfm.

12. Lorraine Dyke, Linda Duxbury et Natalie Lam, « Le perfectionnement professionnel : ce qu'en pensent les fonctionnaires », *Optimum : la revue de gestion du secteur public*, vol. 29, no 4, p. 14. En ligne : http://www.optimumonline.ca/pdf/29-4/career_development_2_fr.pdf

13. Sandra Boyd et Kim Spurgeon, « Lifelong Career Management », dans Blythe Shepard et Priya Mani (dir.), *Career Development Practice in Canada: Perspectives, Principles, and Professionalism*, chap. 16, CERIC, 2014, p. 389. En ligne : https://ceric.ca/download/879/en/38767/career-development-practice-in-canada-chapter16-lifelong-career-management.pdf.

14. CERIC, *Principes directeurs du développement de carrière*, 2020. En ligne : https://ceric.ca/fr/principes-directeurs-du-developpement-de-carriere/

15. Martin Houle, « Les fonctionnaires fédéraux sont sous-exploités et l'État doit agir », *Le Devoir*, 9 janvier 2020. En ligne : https://www.ledevoir.com/opinion/idees/570429/les-fonctionnaires-federaux-sont-sous-exploites-et-l-etat-doit-agir

16. Vihara Dharmaratne, Roxanne Hamel, Darroch Harrop, Reyn Lauer, Chelsea Moore, Angel Qi, Annie Xie et Wreanna Robertson, *L'avenir du travail : rapport final*, p. 4. En ligne : http://canadabeyond150.ca/assets/reports/Future%20of%20Work%20-%20FR.pdf.

17. Esther Lee Cruz, Alison Schnidman, Akansha Agrawal et Bo De Koning, « Why and How People Change Jobs », LinkedIn Talent Solutions, 2015, p. 13. En ligne : https://business.linkedin.com/content/dam/business/talent-solutions/global/en_us/job-switchers/PDF/job-switchers-global-report-english.pdf.

18. Institut d'administration publique du Canada, *Face à l'avenir : examiner le recrutement et la rétention des nouveaux fonctionnaires au Canada*, 2016, p. 5. En ligne : https://s3.ca-central-1.amazonaws.com/ipacreports/np-survey-fra.pdf.

19. Amy Edmondson, « Psychological Safety and Learning Behavior in Work Teams », *Administrative Science Quarterly*, vol. 44, no 2, 1999, p. 354.

20. Groupe d'employeurs sur la question des aidants naturels, *Quand il faut jongler entre travail et soins : comment les employeurs peuvent soutenir les aidants naturels au sein de leur personnel*, 2015, p. 9. En ligne : **http://publications.gc.ca/collections/collection_2015/edsc-esdc/Em12-8-2015-fra.pdf**.

21. Rachel Pelta, « FlexJobs Survey Shows Need for Flexibility, Support for Working Parents » (Les parents ont besoin de souplesse et de soutien au travail, selon un sondage de FlexJobs), FlexJobs, 2020. En ligne : **https://www.flexjobs.com/blog/post/flexjobs-survey-flexibility-support-parents-pandemic/**.

22. Agence de la santé publique du Canada, « Prévalence des maladies chroniques chez les adultes canadiens », 2019. En ligne : **https://www.canada.ca/fr/sante-publique/services/maladies-chroniques/prevalance-adultes-canadiens-infographie-2019.html**.

23. K. C. Roberts, D. P. Rao, T. L. Bennett, L. Loukine et G. C. Jayaraman, « Prévalence et profils de la multimorbidité au Canada et déterminants associés », *Promotion de la santé et prévention des maladies chroniques au Canada : Recherche, politiques et pratiques*, vol. 35, no 6, 2015, p. 95.

24. K. C. Roberts, D. P. Rao, T. L. Bennett, L. Loukine et G. C. Jayaraman, « Prévalence et profils de la multimorbidité au Canada et déterminants associés », *Promotion de la santé et prévention des maladies chroniques au Canada : Recherche, politiques et pratiques*, vol. 35, no 6, 2015, p. 95.

25. Statistique Canada, « Les Canadiens ayant des incapacités liées à la santé mentale », 2020. En ligne : **https://www150.statcan.gc.ca/n1/pub/11-627-m/11-627-m2020008-fra.htm**.

26. Statistique Canada, « Les Canadiens ayant des incapacités liées à la santé mentale », 2020. En ligne : **https://www150.statcan.gc.ca/n1/pub/11-627-m/11-627-m2020008-fra.htm**.

27. Société canadienne du cancer, « Vue d'ensemble des statistiques sur le cancer », 2020. En ligne : **https://www.cancer.ca/fr-ca/cancer-information/cancer-101/cancer-statistics-at-a-glance/?region=on**.

28. Work Rights Centre, « What is Precarious Work? » (Qu'est-ce que le travail précaire?). En ligne : **https://www.workrightscentre.org/what-is-precarious-work**.

29. Kathryn May, « Federal Union Members Reject New Organization for Gig Workers » (Des syndiqués fédéraux rejettent le projet d'un organisme pour les détenteurs de

petits boulots), *Options Politiques*, décembre 2019. En ligne : https://policyoptions.irpp.org/fr/magazines/december-2019/federal-union-members-reject-new-organization-for-gig-workers/.

30. Erika Shaker et Robin Shaban, *No Temporary Solution: Ontario's Shifting College and University Workforce* (La transformation de l'emploi dans les collèges et les universités de l'Ontario), Centre canadien de politiques alternatives, 2018, p. 5. En ligne : https://www.policyalternatives.ca/sites/default/files/uploads/publications/National%20Office/2018/02/No%20Temporary%20Solution_CCPA%20report.pdf.

31. Leah Levac et Yuriko Cowper-Smith, *Les femmes et la précarité dans le secteur public : causes, conditions, conséquences*, Institut canadien de recherches sur les femmes, 2016, p. 34. En ligne : https://www.criaw-icref.ca/fr/publications/les-femmes-et-la-precarite-dans-le-secteur-public-causes-conditions-et-consequences/.

32. Trish Hennessy, « More Than 1 in 5 Canadian Professionals in Precarious Jobs: Report » (Un rapport révèle que plus d'un professionnel sur cinq au Canada occupe un emploi précaire), Centre canadien de politiques alternatives, 2018. En ligne : https://www.policyalternatives.ca/newsroom/news-releases/more-1-5-canadian-professionals-precarious-jobs-report.

33. Comptables professionnels agréés du Canada, « A Very Precarious Situation » (Une situation très précaire), 2018. En ligne : https://www.cpacanada.ca/en/connecting-and-news/blogs/public-good/2018/january/a-very-precarious-situation.

34. Bryan May, *Emploi précaire : comprendre l'évolution de la nature du travail au Canada*, Chambre des communes du Canada, 2019. En ligne : https://www.ourcommons.ca/Content/Committee/421/HUMA/Reports/RP10553151/humarp19/humarp19-f.pdf.

35. Forum des politiques publiques, *Bâtir un avenir dynamique : la prochaine génération de talents de la fonction publique*, 2017. En ligne : https://ppforum.ca/wp-content/uploads/2018/02/Ba%CC%82tir-un-avenir-dynamique-la-prochaine-ge%CC%81ne%CC%81ration-de-talents-de-la-fonction-publique.pdf.

36. Institut d'administration publique du Canada, *Face à l'avenir : examiner le recrutement et la rétention des nouveaux fonctionnaires au Canada*, 2016. En ligne : **https://s3.ca-central-1. amazonaws.com/ipacreports/ np-survey-fra.pdf**.

37. Bruce N. Pfau, « What Do Millennials Really Want at Work? The Same Things the Rest of Us Do » (Qu'attendent les milléniaux du travail? La même chose que nous tous), *Harvard Business Review*, avril 2016. En ligne : **https://hbr. org/2016/04/what-do-millennials- really-want-at-work**.

38. Karlanne Gomez, Tiffany Mawhinney et Kimberly Betts, « Understanding Generation Z in the Workplace » (Comprendre la génération Z au travail), Deloitte, 2020. En ligne : **https://www2. deloitte.com/us/en/pages/ consumer-business/articles/ understanding-generation-z-in-the- workplace.html**.

39. Forum des politiques publiques, *Bâtir un avenir dynamique : la prochaine génération de talents de la fonction publique*, 2017. En ligne : **https://ppforum.ca/wp-content/ uploads/2018/02/Ba%CC%82tir-un- avenir-dynamique-la-prochaine- ge%CC%81ne%CC%81ration-de- talents-de-la-fonction-publique.pdf**.

40. Lisa Taylor, *The Talent Revolution: Longevity and the Future of Work* (La révolution des talents : la longévité et l'avenir du travail), University of Toronto Press, 2019, p. 103.

41. Linda Duxbury, Natalie Lam et Lorraine Dyke, « Le perfectionnement professionnel des travailleurs du savoir de la fonction publique fédérale : le point de vue des employés », *Optimum : la revue de gestion du secteur public*, vol. 29, no 4, p. 11. En ligne : **http://www. optimumonline.ca/pdf/29-4/ career_development_fr.pdf**.

42. Forum des politiques publiques du Canada, *Optimiser le gouvernement : livre blanc sur la modernisation du secteur public*, 2016. En ligne : **https://ppforum.ca/wp-content/ uploads/2018/03/Opt_jan28_FR.pdf**.

43. Énoncé de mission de la Gitxsan Development Corporation, 2020. En ligne : **https://www. gitxsanbusiness.com** (en anglais seulement).

44. Ministère de l'Éducation, de la Culture et de la Formation des Territoires du Nord-Ouest, *Towards Literacy: A Strategy Framework – 2008-2018* (Sur la voie de l'alphabétisation : stratégie 2008- 2018), 2008. En ligne : **https:// www.ece.gov.nt.ca/sites/ece/files/ resources/towards_literacy_-_a_ strategy_framework-_2008-2018.pdf**.

45. Statistique Canada, « L'emploi temporaire au Canada, 2018 », 2019. En ligne : **https://www150. statcan.gc.ca/n1/pub/11-627-m/11-627-m2019034-fra.htm**.

46. Paulina Bajorowicz, « The Best Cities To Be a Freelancer in 2020 » (Les villes les plus favorables au travail autonome en 2020), AppJobs, 2020. En ligne : **https:// www.appjobs.com/blog/the-best-cities-to-be-a-freelancer#13_ Calgary**.

47. Elaine Yerby et Rebecca Page-Tickell, « Where next for the gig economy and precarious work post COVID-19? » (Quelle est la prochaine étape pour l'économie des petits boulots et le travail précaire?), *London School of Economics*, 1er mai 2020. En ligne : **https://blogs.lse.ac.uk/ management/2020/05/01/where-next-for-the-gig-economy-and-precarious-work-post-covid-19/**.

48. Thandi Nkole, « How Kingston, Ontario, is using diversity and inclusion to tackle labour shortages » (Comment Kingston tire profit de la diversité et de l'inclusion pour contrer la pénurie de main-d'œuvre), CERIC, 2019. En ligne : **https://careerwise.ceric. ca/2019/11/15/how-kingston-ontario-is-using-diversity-and-inclusion-to-tackle-labour-shortages/**.

49. Anciens Combattants Canada, « Bien-être des Vétérans », 2017. En ligne : **https://www.veterans. gc.ca/fra/about-vac/research/ research-directorate/info-briefs/ veteran-well-being**.

50. Ministère des Finances du Canada, « Allocation canadienne pour la formation », 2019. En ligne : **https://www.budget.gc.ca/2019/ docs/themes/good-jobs-de-bons-emplois-fr.pdf**.

51. Ministère de l'Économie et de l'Innovation du Québec, « Soutien aux jeunes entreprises innovantes à fort potentiel de croissance », 2020. En ligne : **https://www.economie.gouv. qc.ca/bibliotheques/programmes/ aide-financiere/programme-daide-a-lentrepreneuriat-paen/ soutien-aux-jeunes-entreprises-innovantes-a-fort-potentiel-de-croissance/**.

52. Kim Korotkov, Tiffany Bastin et Ann Sherman, *Universal Design for Learning Action Research* (Recherche-action sur la conception universelle de l'apprentissage), Université du Nouveau-Brunswick et ministère de l'Éducation et du Développement de la petite enfance du Nouveau-Brunswick. En ligne : **https:// www2.gnb.ca/content/dam/ gnb/Departments/ed/pdf/ UDLActionResearch.pdf**.

Recommandations du guide *Fidéliser et mobiliser : la gestion de carrière dans le secteur public*

« Ce guide contient de nombreuses ressources que les gestionnaires et leurs employés peuvent utiliser pour les aider à créer des occasions intéressantes de perfectionnement professionnel. Il fournit de l'information ainsi que les outils pratiques nécessaires pour engager et mobiliser les employés et les dirigeants. Il offre également des étapes simples qui peuvent être adaptées aux besoins et aux aspirations individuels afin de développer le talent dont nous avons besoin pour mieux servir le public en tant que fonctionnaires. Nous avons particulièrement aimé les conseils concrets destinés aux gestionnaires et l'abondance de ressources supplémentaires. »

– Isabelle Racine, directrice exécutive et Valérie Plourde, dirigeante régionale, Québec et Nunavut, Communauté nationale des gestionnaires, gouvernement du Canada

« Une publication absolument excellente! Comme les autres guides de la série, la métaphore et le format intéressants du guide de voyage en font une ressource très utile. Je suis impressionnée par la réussite de l'adaptation du conseil en développement de carrière pour la fonction publique et je crois que les gestionnaires du secteur public se sentiront interpellés. Son unicité en tant que guide destiné aux gestionnaires de la fonction publique canadienne, sur un sujet si important pour l'engagement des employés et la culture organisationnelle, en fera un succès instantané. »

– Susan Osborne, CCDP, conseillère en développement de carrière, province de la Nouvelle-Écosse

« Fidéliser et mobiliser relie avec une main de maître les points entre la gestion de carrière et un parcours professionnel gratifiant dans la fonction publique canadienne. Si vous cherchez un guide de voyage pratique qui vous aide dans le parcours de votre carrière, ce guide est la solution. »

– Dan Pontefract, auteur à succès de *Lead. Care. Win.* et *Open to Think*

« Afin de répondre aux besoins de nos villes, notre priorité doit être d'attirer, de conserver et de former la prochaine génération de gestionnaires en personnel municipaux. À la lumière des changements qui viendront perturber les effectifs municipaux durant la prochaine décennie, ce guide permet de mobiliser les talents à l'aide de stratégies de gestion de carrière qui réduisent les écarts de compétence et permettent de réagir rapidement. Grâce à ce guide indispensable et facile à implanter, les gestionnaires dirigeront des équipes plus motivées. »

– Tony Haddad et Jim Pine, coprésidents, ONWARDS – Building Tomorrow's Ontario Municipal Leaders

« Les gestionnaires du secteur public sont aux commandes d'un cheminement vers le leadership. Guider une équipe pour servir l'intérêt public n'est pas si simple. C'est une tâche colossale pour tout gestionnaire que de laisser place à la créativité et d'appuyer la résilience et les résultats qu'elle entraîne. Le contexte qui entoure la gestion publique est loin d'être évident. Vous naviguez parmi les obstacles, les conditions changeantes, les culs-de-sac, les limites de vitesse et les panneaux de signalisation frustrants. Les indications nous font parfois prendre un mauvais virage, alors qu'elles sont ambiguës à d'autres occasions.

Les gestionnaires se fraient un chemin dans la circulation dense des priorités concurrentes dans un véhicule dont le tableau de bord offre des données limitées. Les freins collent. Le budget permet d'acheter du carburant, mais il peut être difficile de justifier l'entretien ou l'amélioration du véhicule. De plus, vos passagers sont avec vous mais peuvent être frustrés, agités et même avoir le mal des transports. Ce guide vise à vous aider dans votre cheminement avec compassion, en tenant compte de votre réalité. Le format du guide de voyage répond aux besoins de disposer de conseils pratiques à emporter, de sorte à stimuler les relations, peu importe où l'on se trouve. Ces conseils vous aideront à réussir en mobilisant pleinement la capacité et les talents d'une équipe diversifiée. Que vous soyez débutant ou chevronné, vous trouverez des idées pour gagner en confiance et en compétence pour la suite des choses. »

– Alastair MacFadden, cadre en résidence à la Johnson Shoyama Graduate School of Public Policy et ancien sous-ministre, gouvernement de la Saskatchewan

« J'ai trouvé le livre très intéressant, très pertinent et facile à suivre. En repensant à ma carrière et à tous les dirigeants qui m'ont inspiré durant mon parcours dans la fonction publique, je comprends à présent que j'ai pu être témoin de bien des étapes décrites dans ce guide et j'en suis reconnaissant. »

– **Doug Ball, directeur général, Ontario Municipal Social Services Association**

« À titre de professionnels du développement de carrière, nous entendons souvent que les gestionnaires appréhendent les conversations sur la carrière avec leurs employés parce qu'ils ne veulent pas créer d'attentes, perdre des talents ou simplement qu'ils ne savent pas comment s'y prendre. Nous décrivons les gestionnaires comme des facilitateurs de carrière et nous croyons que la gestion efficace des talents commence par ces conversations avec chaque employé, sans exception. Nous adorons ce guide parce qu'il comprend des outils de navigation qui doteront les gestionnaires de compétences d'accompagnement en gestion et transition de carrière, d'une mentalité axée sur l'inclusivité et l'agilité et des trucs pratiques nécessaires pour nouer le dialogue sur la carrière avec confiance. »

– **Rachel Haché et Nathalie Thériault, coprésidentes de la Communauté de pratique interministérielle sur la carrière, fonction publique du Canada**

« Enfin! Une ressource complète et pratique qui aborde les avantages de la planification de la carrière et offre des outils et des parcours gratuits qui tiennent compte de nos vies professionnelles chargées. Elle devrait être enregistrée sur le bureau de chaque dirigeant en gestion de personnel de la fonction publique. Ce recueil est adapté aux réalités des gestionnaires et des employés de la fonction publique : la pression, les défis et les occasions. Nous sommes confrontés à des défis démographiques complexes, des mouvements de société et des transformations numériques, qui se sont accélérés au cours de la dernière année et qui ont une grande influence sur notre identité, nos gestes et notre manière de servir les Canadiens. Alors que la fonction publique se prépare à un changement de culture pour l'avenir de la profession et répond aux appels à l'action pour s'attaquer aux questions de racisme systémique et de diversité et d'inclusion, ce guide arrive à point nommé pour faciliter la compréhension du rôle essentiel que jouent les conversations sur la carrière pour trouver — dès maintenant — des candidats qui cadrent avec les besoins organisationnels d'aujourd'hui et de demain. »

– **Tracey Sametz, directrice générale des ressources humaines, Transports Canada**